인권고전강독

자유의 인문적 사색

박 찬 운 지음

서문

인권고전강독
〈자유의 인문적 사색〉을 내면서*

나는 대한민국의 법률가다. 꽤 오랜 세월 법학을 공부했고, 그 실무를 해 왔다. 그 기간 중 내 주요 관심사는 인권이었다. 인권침해를 받은 사람들을 옹호했고, 제도적 차원에서 인권을 개선하기 위해 미력을 다했다. 2006년 학교에 온 이후론 연구자로 변신해 실무적 시각을 뛰어넘어 심도 있게 인권을 연구하고자 했다. 하지만 지금 이 순간 고백하건대, 인권에 대해서 내가 말할 수 있는 게 많지 않다. 이것이야말로 천학비재의 실상일지도 모르겠다.

그럼에도 나는 2016년부터 새로운 과목을 만들어 도전에 들어갔다. '자유란 무엇인가'라는 제목의 새 교양과목은 인권의 핵심인 '자유'를 인권고전을 통해 이해하려는 시도이다. 인권과 밀접하게

---

* 이 책은 2016년 출간한 〈자유란 무엇인가〉를 바탕으로 몇 개의 글을 추가하고 기존의 글을 보완한 것이다. 이 서문 역시 종래의 서문에 기초해 내용을 보완했음을 밝힌다.

관련되어 있는 고전을 직접 읽으면서 저자가 말하는 인권, 그중에서도 자유가 어떤 의미를 갖는지 제대로 알고 싶었다. 학부 학생들과 이런 일을 한다는 것이 쉽지 않지만, 이런 강의로 그들을 지적으로 자극하고, 그것으로 인해 그들이 좀 더 자유로운 삶을 살아가는 데 도움이 된다면, 얼마나 보람 있는 공부일까.

누군가가 나에게 행복이 무엇이냐고 묻는다면 나는 이렇게 답할 것이다.

"행복은 사람마다 다를 수 있기 때문에(또는 행복은 사람마다 달리 느끼기 때문에) 일률적으로 말할 순 없다. 내가 말할 수 있는 것은 나의 행복뿐이다. 나는 자유롭게 내 의지대로 인생을 선택하면서 살아갈 수 있을 때 그것을 행복이라 믿는다."

나는 인권의 핵심인 자유에 대해서도 이렇게 소박한 정도로 밖에는 말할 수 없다. 다만 자유가 없는 삶이란 행복은커녕 죽음과 같을 것이라는 데에는 확신을 가지고 있다. 그래서 누군가가 말했다고 하는 '나에게 자유를 달라, 그것이 아니면 죽음을'이라는 말을 나도 당당히 말할 수 있으리라.

살아오면서 나는 이런 소박한 자유도 인류가 향유했던 시절은 사실 없었다는 것을 알았다. 어떤 시기에도 인간은 완벽히 자유롭게 선택하면서 살진 못했다. 이것은 적어도 인간이 사회와 국가를 형성하고 살아온 이래 겪었던 운명과도 같은 것이었다. 하지만 인간은 그 꿈을 버리지 못했고 어느 시기에도 자유를 위한 투쟁을 멈추지 않았다. 나는 이 지난한 투쟁의 역사를 알고 싶었다. 그런 투쟁 속에서 인류는 어떤 자유를 쟁취해 왔을까. 그것이 바로 인권에 관한 명저들을 여기에 소개하는 이유다.

독자들의 이해를 위해 이 책 개요를 설명하는 게 좋을 것 같다. 그것이 내 강의 〈자유의 인문적 사색〉에서 학생들과 대화해 보고 싶은 자유 혹은 인권의 내용이라고 생각해도 좋다. 나는 왜 인권고전을 읽었는가? 내가 그 고전을 통해 알아낸 것을 무엇이었을까?

▌근대인권사상의 기초

서구역사를 돌이켜 보면 인간의 자유는 천 년 중세사회라고 불리는 '신의 시대'에서 장기간 유보되었다. 이 시대에 살았던 인간에게 '개인'은 중요한 게 아니었다. 인간의 몸과 정신은 신의 부속품으로서 긴 시간 잠들어 있지 않으면 안 되었다. 그러다가 르네상스를 맞이하면서 서구인들은 '개인'을 발견한다. 인간 본연의 이성과 본능의 중요성을 알게 되었고 그 존엄성을 인식한다. 바야흐로 인간시대에 들어선 것이다.

개인의 발견! 이것은 인류사에서 인권개념의 진정한 시작이었다고 해도 과언이 아니다. 개인이란 존재는 인간의 자유를 전제로 하는 자아발견의 결과다. 서구인이 개인을 발견했다는 것은 필연적으로 나와 사회, 나와 국가, 나와 종교의 관계를 본질적으로 이해하기 시작했다는 것을 의미한다. 근대적 인권개념은 이런 본질을 이해하는 과정에서 탄생했다. 서구인들은 국가가 무엇인지 고민했는바, 이것은 개인을 이해하는 또 다른 방법론이었다. 17세기 이후 근대국가가 탄생하는 과정에서 이 문제는 토마스 홉스, 존 로크, 장자크 루소 등에 의해 본격적으로 논의되었다. 그들의 사회계약론은 국가개념의 설명방법이자 개인에 대한 새로운 이해방법이기도 했다(이와 관련된 이 책의 인권고전: 토마스 홉스의 〈리바이어던〉, 존 로크의 〈통치론〉 및 장 자크 루소의 〈인간불평등기원론〉).

소극적 자유

근대국가에서 발전한 인권개념, 그 중에서도 자유개념은 소위 소극적(negative) 성격을 띠는 것이었다. 한 시민이 자유를 누리는 데에는 국가가 특별히 무슨 의지를 갖고 행동을 할 필요가 없었다. 그저 소극적인 자세로 그 자유를 훼방 놓지 않으면 되는 것이었다. 개인의 신체의 자유는 국가가 개인의 신체를 존중함으로써 보장되는 것이고-예를 들면, 국가가 길거리에서 이유 없이 개인의 신체를 체포해 구금하지 않으면 국가는 개인의 신체의 자유를 보장하는 것이다- 종교의 자유는 국가가 종교에 대한 개인의 선택을 방해하지 않으면 보장되는 것이다. 사람들은 자유를 '개인이 마음대로 그것을 누리는 것'으로 이해하기 보다는 '국가가 그것을 존중하고 제한을 자제하는 것'으로 이해했다. 이런 자유의 개념은 '국가권력이 한 개인의 자유에 간섭할 수 있는 유일한 정당성은 그 개인이 타인에게 해악을 가할 때 그것을 방지하는 것'이라는 존 스튜어트 밀의 〈자유론〉에 의해서 완성되었다(이와 관련된 이 책의 인권고전: 존 스튜어트 밀의 〈자유론〉, 존 베리의 〈사상의 자유의 역사〉, 슈테판 츠바이크의 〈다른 의견을 가질 권리〉, 러셀 커크의 〈보수의 정신〉)

21세기 인권의 전환

하지만 자유란 국가가 개인의 자유를 존중한다는 의미에서 그저 간섭을 자제하는 것만으로 실현되지 않는다는 것이 분명해졌다. 통상 가난한 사람, 교육을 받지 못한 사람들은 자유의 주체라고 할지라도 그것을 실질적으로 누리지 못한다. 배가 고픈 사람에게 사상·양심의 자유가 중요하겠는가, 호주머니가 텅텅 비어 오늘내일 끼니를 걱정하는 사람에게 투표장에 나가 자신의 대표자를 뽑을 것을 기대할 수 있겠는가. 여기서 인간은 역량을 갖지 못하면 그의 자유란 허상에 불과하다는 생각이 부각된다. 인간의 자유란 사실 인간의 역량 그 자체가 아닐까. 바야흐로 적극적(positive) 자유란 개념이 대두되고, 그 과정에서 시민적·정치적 자유(약칭 자유권)를 넘어 경제적·사회적·문화적 권리(약칭 사회권)가 탄생했다. 사회권은 21세기 각종 권리문서에 자리를 차지하는 권리가 되었지만 아쉽게도 그것은 자유권에 비해 여전히 이류의 권리로 취급된다. 그것은 실질적인 권리가 아니라 국가의 노력의무이자 미래에 대한 프로그램에 불과하다는 것이다. 따라서 양극화가 심화되는 21세기에, 이러한 이분론을 극복하지 않으면 인류는 진정한 자유를 누리지 못하고 새로운 위기에 직면할지 모른다(이와 관련된 이 책의 인권고전: 샌드라 프리드먼의 〈인권의 대전환〉, 존 롤스의 〈정의론〉).

전체주의와 근대이성 그리고 인권의 실체

21세기는 인류가 미증유의 역사를 경험한 세기였다. 두 번의 세계전쟁과 냉전체제를 거치면서 도처에서 참혹한 인권유린이 자행되었다. 이 기간 중 적잖은 국가에서 전체주의를 강조하는 지도자들이 나타나 인간의 삶을 억압했다. 국가란 이름 하에, 민족이란 이름 하에 수천수만의 사람들이 죽어갔다. 스탈린, 히틀러, 마오쩌둥, 김일성은 그 인권유린의 책임자였고, 한반도에도 70-80년대 그런 부류의 독재자들이 나타났다. 자유를 공부하는 사람이라면 의당 이 전체주의의 속성을 제대로 이해할 필요가 있다. 그런 체제 하에선 사람들의 자유는 어떻게 구속되었는지, 왜 사람들은 오랜 기간 자유를 갈망했음에도 그렇게 쉽게 독재자의 포로가 되었는지. 왜 사람들은 지도자의 그 불합리한 명령을 거부하지 못하는지, 나아가 근대 이후 국가체제 아래에서 자유의 본질은 무엇인지…. 이런 것을 생각하면 자유란 단순한 제도의 문제가 아니라 한 시대의 구조적 문제일 뿐만 아니라 개인 혹은 집단적 심리의 문제이기도 한 것이다(이와 관련된 이 책의 인권고전: 조지 오웰의 〈1984〉, 에리히 프롬의 〈자유로부터의 도피〉, 스탠리 밀그램의 〈권위에 대한 복종〉, 미셸 푸코의 〈감시와 처벌〉).

▍인권의 실천

그러나 인간의 자유에 대해 어떤 말을 한다고 해도 자유는 인간 그 자체의 문제라는 것에 동의하지 않을 수 없다. 인간이 자유를 누리는 것은 제도적 영향을 받는 것이지만 역사를 뒤돌아보면 사람들의 피나는 노력 없이는 그 어떤 것도 현실이 될 수 없음을 알아야 한다. 인간이 자유를 누리기 위해선 그것을 희구해야 하고, 그것을 얻기 위해 싸우지 않으면 안 된다(이와 관련된 이 책의 인권고전: 루돌프 폰 예링의 〈권리를 위한 투쟁〉, 헨리 데이빗 소로우의 〈시민의 불복종〉, 버트런드 러셀의 〈자서전〉, 필립 샌즈의 〈인간의 정의는 어떻게 탄생했는가〉).

▍인간과 동물의 공존

끝으로 한 가지 더 생각해 봐야 문제가 동물과 인간의 관계다. 수많은 반려동물들이 한 집에서 인간과 같이 살아가는 오늘날 동물은 인간에겐 단순한 물건이 아니다. 그럼에도 한편에선 동물은 물건과 똑같이 취급되면서, 인간의 쾌락을 위한 수단이자 학대의 대상임을 부인할 수 없다. 인간도 동물의 하나임이 분명하다고 할 때, 우리가 매일 같이 만나는 쾌고감수의 동물들을 어떻게 봐야 할 것인가. 인권적 차원에서 동물을 본다면 그것은 어떤 것일까.

이것을 위해 서구에서 논의되는 동물권이나 동물복지에 대해 한 번쯤 생각해 보는 것도 유익할 것이다(이와 관련된 이 책의 인권고전: 피터 싱어의 〈동물해방〉).

　　이 책은 인권, 그 중에서도 자유를 인권고전을 통해 여러 각도에서 설명을 시도한 것이다. 각 고전에 대한 내 설명은 어떤 부분에선 금방 독자의 것이 될 수 있을 정도로 쉽겠지만, 또 다른 부분에선 읽고 또 읽어도 여전히 의미를 잡기 어려울지 모른다. 만일 그런 경우가 있다면 그건 부족한 설명을 한 나의 책임이지만, 독자들을 위해 강독을 시도한 나로선, 이해가 잘 안된다고 바로 포기하진 말아 달라고 부탁하고 싶다. 누구도 여기에 있는 모든 내용을 단시간 내에 이해한 사람은 없다. 그러니 자신의 무지를 자책하지 말고, 시간을 두고 생각해 보고, 기회가 되는대로 강독대상으로 삼았던 책을 직접 찾아 읽어본다면, 언젠가는 그 의미를 분명하게 이해할 날이 오리라고 믿는다. 옛사람들은 어려운 책도 백번을 읽으면 뜻이 자연스럽게 나타난다고 하지 않았는가. 독서백편의자현(讀書百遍義自見)! 이 말을 가슴에 품었으면 좋겠다.

　　마지막으로 이 책을 내는 데 힘이 되었던 분들에게 간단히 감사의 말을 전하고 싶다. 우선 SNS 상의 많은 친구들에게 감사한다. 나는 이 글을 책으로 편집하기 전에 내 블로그와 페이스북에 올려 SNS 친구들과 토론을 벌린 바 있다. 많은 분들이 참여해 집필을 격려했고, 글에 대해 의견을 주었다. 출판사 '삼원사'의 도움도 잊을 수 없다. 요즘같이 어려운 출판 현실에선 섹시(?)하지 않은 인문서적은 설 자리가 없다고 하는 데, 결코 그런 반열에 들어갈 수 없는 이 책이 세상에 나올 수 있었던 것은, 출판업을 단지 상업적 이익추구로만 보지 않는 정선균 대표의 관심에 힘입은 바 크다. 편집부의 김돈영 선생은 솜씨 있는 편집으로 책의 품격을 높여주었다. 깊이 감사드린다.

2023년 7월
서울 행당동 한양대 연구실에서
저자 박찬운 이 서문을 쓰다

차 례

서문   2

제1부 근대인권사상의 기초

인권고전강독 1
국가란 무엇인가   17
-토머스 홉스의 〈리바이어던〉-

인권고전강독 2
시민정부의 기원, 국가는 왜 만들어졌는가   27
-존 로크의 〈통치론〉-

인권고전강독 3
인간 불평등의 기원   41
-장 자크 루소의 〈인간불평등기원론〉-

제2부 소극적 자유

인권고전강독 4
자유주의 이론의 정수 '자유론'에 다가가기   51
-존 스튜어트 밀의 〈자유론〉-

인권고전강독 5
유혈의 호수에 가로놓인 사상의 역사   68
-존 베리의 〈사상의 자유의 역사〉-

인권고전강독 6
누구도 내 생각의 자유를 죽일 수 없다   85
-슈테판 츠바이크의 〈다른 의견을 가질 권리〉-

인권고전강독 7
보수의 위기, 대한민국의 위기   92
-러셀 커크의 〈보수의 정신〉-

제3부 21세기 인권의 전환

인권고전강독 8
인권의 새로운 패러다임   115
-샌드라 프레드먼의 〈인권의 대전환〉-

인권고전강독 9
인권사회는 정의사회다   134
-존 롤스의 〈정의론〉-

제4부 전체주의와 근대이성의 실체

인권고전강독 10
전체주의는 인간을 얼마나 파멸시킬 수 있는가   153
-조지 오웰의 〈1984〉-

인권고전강독 11
자유로부터 도피하는 고독한 군중   161
-에리히 프롬의 〈자유로부터의 도피〉-

인권고전강독 12
근대이성의 실체, 복종적 인간의 탄생   178
-미셸 푸코의 〈감시와 처벌〉-

인권고전강독 13
당신은 독재자의 명령에 저항할 수 있는가   190
-스탠리 밀그램의 〈권위에 대한 복종〉-

제5부 인권의 실천

인권고전강독 14
당신은 권리를 지키기 위해 무엇을 할 것인가   205
-루돌프 본 예링의 〈권리를 위한 투쟁〉-

인권고전강독 15
국민이기에 앞서 인간으로 사는 삶   218
-헨리 데이빗 소로우의 〈시민의 불복종〉-

인권고전강독 16
나는 자유주의자다   228
-버트런드 러셀의 〈러셀 자서전〉-

인권고전강독 17
인류의 이름으로 단죄하는 국제범죄의 기원   243
- 필립 샌즈의 〈인간의 정의는 어떻게 탄생했는가〉-

제6부 동물과의 공존

인권고전강독 18
동물에 대한 처우는 인권문제다   265
-피터 싱어의 〈동물해방〉-

후기   286

내가 읽은 인권고전 목록   290

색인   292

제1부
근대인권사상의 기초

서구역사를 돌이켜 보면 인간의 자유는 천 년 중세사회라고 불리는 '신의 시대'에서 장기간 유보되었다. 이 시대에 살았던 인간에게 '개인'은 중요한 게 아니었다. 인간의 몸과 정신은 신의 부속품으로서 긴 시간 잠들어 있지 않으면 안 되었다. 그러다가 르네상스를 맞이하면서 서구인들은 '개인'을 발견한다. 인간 본연의 이성과 본능의 중요성을 알게 되었고 그 존엄성을 인식한다. 바야흐로 인간시대에 들어선 것이다.

개인의 발견! 이것은 인류사에서 인권개념의 진정한 시작이었다고 해도 과언이 아니다. 개인이란 존재는 인간의 자유를 전제로 하는 자아발견의 결과다. 서구인이 개인을 발견했다는 것은 필연적으로 나와 사회, 나와 국가, 나와 종교의 관계를 본질적으로 이해하기 시작했다는 것을 의미한다. 근대적 인권개념은 이런 본질을 이해하는 과정에서 탄생했다. 서구인들은 국가가 무엇인지 고민했는바, 이것은 개인을 이해하는 또 다른 방법론이었다. 17세기 이후 근대국가가 탄생하는 과정에서 이 문제는 토마스 홉스, 존 로크, 장자크 루소 등에 의해 본격적으로 논의되었다. 그들의 사회계약론은 국가개념의 설명방법이자 개인에 대한 새로운 이해방법이기도 했다.

인권고전강독 1

국가란 무엇인가
-토머스 홉스의 〈리바이어던〉-

"인간은 그들 모두를 위압하는 공통의 권력이 존재하지 않는 곳에서는 전쟁상태에 들어가게 된다는 것이다. 이 전쟁은 만인에 대한 만인의 전쟁이다."(본문 명저)

국가권력이라는 정치적 질서의 본질을 이야기할 때 가장 많이 이야기되는 책 중 하나가 토머스 홉스(1588-1679)의 〈리바이어던〉이다. 인권을 공부하는 나로서도 이 책은 매년 학생들과 씨름해야 하는 대상이다. 인권이란 본시 개인과 국가의 관계 속에서 탄생한 것이기에 국가의 본질을 이해하지 않고서는 그 성격을 규명하기 어렵다. 도대체 인권, 곧 human rights는 인간본연의 권리인가 아니면 국가에 의하여 부여된 것인가.

현대에 와서 인권은 인간본연의 권리, 인간이란 존재에서 비롯되는 당연한 권리라고 이해된다. 하지만 이런 이해가 보편화되는 데에는 국가의 본질에 대한 이해가 몇 세기 동안 진행되어 오는 과정에서 사람들 간에 일정한 공감대가 형성되었기 때문이다. 이런 공감대를 형성시키는 데에 토마스 홉스를 뺄 수 없다. 홉스는 근대 정치사상사에서 국가의 본질을 가장 먼저, 가장 정치하게 정립한 대표학자로 인정받는 데 크게 이론이 없다.

홉스의 〈리바이어던〉을 읽었다고 하는 사람은 많다. 하지만 제대로 읽은 이는 극히 드물다. 아마 이것은 학자라 해도 마찬가지일 것이다. 홉스의 원전을 토대로 그의 정치 사상사를 제대로 이해하는 학자가 얼마나 될까? 솔직히 말해 〈리바이어던〉은 쉽게 접근할 수 있는 책이 아니다. 17세기 책인데다 볼륨마저 상당하다. 이러다 보니 우리가 익히 알고 있는 〈리바이어던〉은 중역의 중역을 통해 단편적인 내용만 알려졌을 뿐이다.

그러나 이제 전문학자가 아니라도 〈리바이어던〉의 본령에 접근할 수 있는 길이 열렸다. 이 어려운 홉스의 책이 완역되었기 때문이다. 대전대의 진석용 교수가 연구재단의 도움으로 그 일을 해냈다. 그러나 그 볼륨이 상당하다. 무려 2권 1천여 쪽(나남)에 달하는 대작이다. 이렇다 보니 그 내용을 제대로 이해하는 건 여전히 쉽지 않은 작업이다. 오늘 나는 그중에서 우리에게 가장 잘 알려진 대목 세 부분을 위 책에서 직접 인용하면서 설명하고자 한다.

자연상태에서 인간은 어떻게 살았는가

> 인간은 그들 모두를 위압하는 공통의 권력이 존재하지 않는 곳에서는 전쟁상태에 들어가게 된다는 것이다. 이 전쟁은 만인에 대한 만인의 전쟁이다. (171)
>
> 전쟁상태에서 벌어지는 모든 일은 만인이 만인에 대해 적인 상태, 즉 자기 자신의 힘과 노력 이외에는 어떠한 안전대책도 존재하지 않는 상태에서도 똑같이 발생할 수 있다. (...)

끊임없는 공포와 생사의 갈림길에서 인간의 삶은 고독하고, 가난하고, 협악하고, 잔인하고 그리고 짧다. (172)

두려워할 만한 공통의 권력이 존재하지 않는 곳에서 인간의 삶이 어떠할 것인가 하는 것은 평화로운 국가 생활을 하다가 내란에 빠져들곤 했던 인간의 역사를 살펴보는 것으로도 족할 것이다. (173)

〈리바이어던〉에서 가장 알려진 대목이 '만인의 만인에 대한 투쟁'이란 부분이다. 위 인용문이 바로 그 부분이다. 근대정치사상사에서 사회계약론을 주장한 학자들은 대부분 정치체제의 성격을 설명하기 전에 인간의 자연상태를 설명한다. 자연상태를 극복하기 위해 국가라는 정치체제가 필요했다고 설명하기 위해서다. 따라서 자연상태를 어떻게 이해하는가는 국가의 성격을 이해하는 데 매우 중요하다.

홉스는 인간의 자연상태는 비참하다고 설명한다. 한마디로 전쟁상태다. 저 말 "인간의 삶은 고독하고, 가난하고, 협악하고, 잔인하고 그리고 짧다"는 말만큼 그 비참함을 제대로 표현한 말이 어디에 있을까? 그런데 왜 인간의 자연상태는 그토록 비참했을까? 그것은 홉스가 인간은 기본적으로 평등하기 때문에 그렇다는 것이다. 위 인용문 앞에서 홉스는 분명하게 그것을 말한다. "자연은 인간이 육체적 정신적 능력의 측면에서 평등하도록 창조했다"(168)

홉스에게 있어 인간들 사이에서 육체적으로, 정신적으로 분명 차이가 존재하지만 그것이 다른 사람보다 더 많은 이익을 주장할 수 있는 이유가 되지 못한다. 따라서 인간들은 만물에 대해 자기 생존을 위해 다른 사람들과 평등하게 경쟁할 수 있다. 이 경쟁이 자연이 준 권리, 곧 자연권이다.

하지만 이 자연권의 행사로 말미암아 필연적으로 적대적 관계가 만들어질 수 있다. 같은 것을 놓고 둘 이상이 서로 가지려 하기 때문이다. 이런 상황에서 인간이 살 수 있는 방법이 무엇일까? 평화의 법이다. 그것은 인간 스스로가 만든 법이 아니라 자연이 준 이치로서의 자연법이다. 자연은 인간에게 무엇인가를 강력하게 요구한다. '평화를 추구하라'는 것이다.

자연상태에서 인간이 그 비참한 상태에서 벗어날 수 있는 길은 평화를 추구하라는 자연법에 순응하는 것이다. 여기서 자연법은 어떤 방법을 알려주는가? 그것은 구성원 모두가 두려워할 만한 권력을 만들어내는 것이다.

국가의 실체는 무엇인가

이 권력을 확립하는 유일한 길은 모든 사람의 의지를 다수결에 의해 하나의 의지로 결집하는 것, 즉 그들이 지닌 모든 권력과 힘을 '한 사람'(one Man) 혹은 '하나의 합의체'(one Assembly)에 양도하는 것이다. (232)

만인이 만인과 상호 신의계약을 체결함으로써 모든 인간이 단 하나의 동일 인격으로 결합되는 것이다. (…) 다수의 사람들이 하나의 인격으로 결합되어 통일되었을 때 그것을 코먼웰스(Commonwealth)라고 부른다. 이리하여 저 위대한 리바이어던(Leviathan)이 탄생한다. (232)

코먼웰스의 정의는 (…) '다수 사람들이 상호 신의계약을 체결하여 세운 하나의 인격으로서, 그들 각자가 그 인격이 한 행위의 본인이 됨으로써, 그들의 평화와 공동방위를 위해 모든 사람의 힘과 수단을 그가 임의로 사용할 수 있도록 한 것'이다. (233)

〈리바이어던〉에서 정치질서가 창조되는 대목이 바로 위 인용문이다. 국가는 이렇게 탄생한 것이다. 자연상태에서 비참하게 사는 인간들이 자신을 보호하기 위해선 그들이 가지고 있는 모든 권력과 힘을 한 사람(군주제)이나 하나의 합의체(예컨대 민주정)에 양도해야 한다는 것이다. 그렇게 해서 평화와 공동방위를 위한 막강한 권력, (괴물 같은 권력) 리바이어던이 만들어지고, 이 권력에 인민은 복종해야 한다는 게 홉스의 생각이다.

인민은 국가에 저항할 수 있는가

> 어떠한 신의계약으로도 그 권리를 양도할 수 없는 일에 대하여는 자유를 가진다는 사실은 명백하다. (...)만약 주권자가 어떤 사람에게 자살하라고, 혹은 자해하라고, 혹은 불구가 되라고 명하거나, 공격을 가하는 자에게 저항하지 말라고 명하거나, 혹은 음식물이나 공기, 약품 등 생존에 필수적인 것들을 금지한 경우에는 그에 복종하지 않을 자유가 있다. (289)

> 주권자에 대한 백성의 의무는, 백성을 보호할 수 있는 권력이 주권자의 손에서 지속되는 한, 그리고 오직 지속되는 동안에만 계속되는 것으로 생각된다. (...)복종의 목적은 보호를 얻는 데 있다. 보호를 어떻게 얻든, 즉 자기 자신의 칼로

얻든, 타인의 칼로 얻든, 자연은 인간으로 하여금 자신을 보호해주는 힘에 복종하게 하고, 그 힘을 유지하기 위해 노력하게 된다. (294)

홉스 사상에 대한 의문점은 국가를 만든 과정이 아니라 국가권력의 한계에 모아진다. 인민이 자신을 보호하기 위해 만든 국가권력에 얼마만큼 복종해야 할 것인가. 개인의 권리, 개인의 자유를 보호하기 위해 만든 국가가 그것을 등한시하고 오히려 개인을 괴롭힐 때도, 개인은 국가에 대해 복종의 의무가 있을 것인가.

많은 사람들은 홉스를 의심한다. 홉스는 군주에게 절대 권력을 주고 그것에 절대적으로 복종하는 것만이 인간의 비참함을 막는 유일한 방법이라고 말했다는 것이다. 만일 홉스가 이것을 주장한 것이라면 〈리바이어던〉은 절대 왕권을 옹호하는 완고한 왕당파의 강령에 불과할 것이다. 도대체 홉스의 생각을 어떻게 평가해야할까.

물론 〈리바이어던〉을 샅샅이 뒤지면 홉스는 분명 인민은 주권자(분명 홉스의 생각이 제대로 맞아떨어지는 정치체제는 군주가 주권자인 군주정이다)에게 절대적으로 복종해야 한다는 생각을 가지고 있는 것 같다. 거기에선 인민의 군주에 대한 저항을 읽긴 어렵다.

　　하지만 그게 전부일까? 나는 그렇게 보지 않는다. 홉스의 사고가 근본적으로 사회계약론에 기초한 것이라면 그 같은 절대적 복종은 불가능하다. 사회계약론에선 아무리 막강한 군주라도 금도가 있는 것이고, 일정한 선을 넘으면 인민에게 복종의 의무는 없는 법이다.

　　그것을 정면으로 표현한 부분이 바로 위 인용문이다. 주권자(국가)는 인민의 자기생존권만은 마음대로 할 수 없다는 것이다. 이것은 아예 처음부터 국가에게로 양도가 불가능한 권리이다. 그러니 이 생존권이 국가로부터 침해된다면 인민은 복종하지 않을 수 있다. 국가가 인민의 생명을 앗아가려고 한다면 당연히 저항할 수 있다. 그것이 바로 자연권이다.

　　이 자연권은 국가의 성립과 관계없이 존재한다. 인민이 국가에게 복종하는 것은 국가로부터 생존이 보호를 받는다는 것을 전제로 한 것이지, 그것이 위협에 직면했을 때까지 복종해야 하는 것은 아니다. 그럴 때는 인민은 국가에 대해 저항할 수 있다. 그것은 홉스라 할지라도 부인할 수 없으며, 오히려 홉스의 사상은 이것에 기초한 것이라고 이해해야 한다.

하지만 아무리 생각해도 홉스의 인권관은 오늘날 우리가 수용하기엔 한계가 있다. 그의 인권관은 지극히 국가 중심적이다. 인민의 생존권만을 훼손하지 않는다면 국가는 무엇이든 할 수 있다는 국가주의가 홉스의 국가관이다. '인민은 군주(국가)의 폭정에도 참아야 한다. 아무리 자유를 제한해도 전쟁이나 목숨을 잃는 것보다는 낫지 않은가. 그러니 군주에게 덤비지 말라' 바로 이것이 홉스의 생각이다. 우리가 이런 생각에 동의할 수는 없지 않은가?

인권고전강독 2

시민정부의 기원, 국가는 왜 만들어졌는가
-존 로크의 〈통치론〉-

"정당한 권리 없이 무력을 사용하는 자는 누구든지, 법에 근거함이 없이 무력을 행사하는 사회의 모든 성원과 마찬가지로, 그가 무력을 사용하는 상대방에게 전쟁상태를 도발하는 셈이다. 그 상태에서 이전의 모든 유대는 취소되며 그 밖의 모든 권리가 중지되며, 모든 사람은 스스로를 방어하고 침략자에게 저항할 권리가 있다."(본문 명저)

서양인권사에서 이 사람만큼 중요한 사상가가 있을까? 역사에 남는 수많은 사상가가 있었지만 내가 보기엔 넘버원의 영예는 아무래도 존 로크(1632-1704)에게 돌아가야 할 것 같다. 그는 절대왕정의 시기에 국가권력의 시원, 국가의 존립목적 그리고 인민의 권리에 대해 명확한 입장을 정리했고, 그것은 근대인권사상으로 정초되어, 마침내 미국 독립과 프랑스 대혁명의 사상적 기초를 제공했다.

내가 근대인권사상을 강의함에 있어서 반드시 연구대상으로 삼는 사상가는 홉스, 로크 그리고 루소인데, 이 중에서도 로크를 가장 비중 있게 다룬다. 그것은 다른 사상가에 비해 로크가 근대인권사상의 형성 과정에서 위와 같은 큰 족적을 남겼을 뿐만 아니라 지금도 민주주의와 인권에 대해 많은 교훈을 주기 때문이다. 미국 독립선언서나 프랑스 인권선언을 읽어보라. 곳곳에서 로크의 숨결을 느낄 것이다. 그의 사후 수백 년이 지나 만들어진 우리 대한민국 헌법은 어떤가? 로크의 흔적은 거기에서도 찾을 수 있다. 한 위대한 사상가의 업적은 그렇게 크고도 넓다.

로크의 사상을 가장 잘 볼 수 있는 저작이 〈통치론〉이란 책이다. 원래 이 책은 두 개의 논문으로 구성되었는데, 첫 번째 논문을 제1론(The First Treaties of Government)으로, 두 번째 논문을 제2론(The Second Treaties of Government)으로 부르는 것이 관행이다. 국내에 번역된 〈통치론〉(강정인, 문지영 옮김)은 제2론을 번역한 것으로 '시민정부의 참된 기원, 범위 및 목적에 관한 시론(An Essay Concerning the True Original, Extent and End of Civil-Government)'이라는 부제를 달고 있다.

아래에서는 로크의 〈통치론〉 중에서 가장 중요하다고 생각되는 부분에 대해 관련 부분을 그대로 인용하면서 간단히 해설해 보고자 한다. 전문학자들이 하는 현학적 설명을 지양하고 가급적 문언을 중심으로 상식에 기초해 설명해 볼 것이다. 다소 길지만 로크의 정치사상(인권사상)을 이해하길 원하는 독자들은 잠시 인내하면서 읽어주길 바란다.

자연상태에서 인간은 어떤 존재였는가

> 자연법의 테두리 안에서 스스로 적당하다고 생각하는 바에 따라서 자신의 행동을 규율하고 자신의 소유물과 인신을 처분할 수 있는 완전한 자유의 상태이다. (11)

> 인간은 완전한 자유와 자연법상의 모든 권리 및 특권을 간섭받지 않고 누릴 수 있는 자격을 다른 어떤 사람 또는 세계

의 많은 사람들과 더불어 평등하게 태어났다. (83)

자연상태에서 인간은(...)두 개의 권력을 가지고 있다. 첫째는 자연이 허용하는 한도에서 인간은 자신과 타인의 보존에 적합하다고 생각하는 바가 무엇이든 그것을 행하는 것이다. (...)또 다른 권력은 자연법을 위반하여 저질러진 범죄를 처벌하는 권력이다. (121-122)

홉스가 사회계약론에 입각해 국가의 시원을 밝히면서 그 설명의 출발점을 국가 탄생 이전의 자연상태에서 시작했듯이 로크도 그런 시도를 한다. 로크 또한 홉스와 마찬가지로 사회계약론에 입각해 국가를 설명하는 사람이다. 도대체 인간의 자연상태는 어떤 것이었으며 왜 사회와 국가를 만들게 되었는가? 그것은 홉스의 그것과 비교해 어떤 차이가 있는가?

로크가 그리는 자연상태에서의 인간은 자유롭게 태어났고 모두 평등했다. 이들 자유인으로서의 인간은 두 개의 기본적 권리가 있었는데, 하나는 자유를 누릴 수 있는 권리였다. 인간은 자연법에 반하지 않는 한 자유로운 존재로 살 수 있었다. 자연법에 반하지 않는다는 말은 그 자유가 무제한적인 자유, 즉 방종이 아니라는 것을 의미한다. 적어도 그 자유는 타인과 공존할 수 있는 것이어야 한다.

　　두 번째 자연상태에서의 인간의 기본적 권리는 자연법을 위반한 범죄인을 개인 스스로 처벌할 수 있다는 것이었다. 국가가 탄생하기 전의 자연상태에서의 범죄는 실정법 위반이 아닌 자연법 위반이다. 그리고 이 자연법 위반을 처벌할 수 있는 공적 권력이 없기 때문에 개인이 그것을 처벌할 수밖에 없다.

　　그렇다면 로크의 자연상태에서의 인간의 권리는 홉스가 말하는 자연상태에서의 인간의 자기보존의 권리와 무엇이 다른가. 홉스는 자연 상태에서 인간은 평등하다고 했고, 자기보존을 위해 다른 사람들과 평등하게 경쟁할 수 있다고 했다. 그 상태에서 누군가가 자기보존의 권리를 침해하면 그것을 방어하는 것은 자연법이 허용하는 것이었다.

　　내가 보기엔 자연상태에 대한 홉스의 생각이나 로크의 생각은 다르지 않다고 본다. 홉스는 자연상태에서의 인간의 삶을 비참한 것으로 표현해 그 참담함이 부각되었지만, 로크의 자연상태에는 그런 표현이 없을 뿐이다. 로크는 자연상태의 비참함 대신 불완전함을 설명한다. 자연상태는 그 불완전 때문에 문제가 발생한다는 것이다. 이에 대해서 로크의 다음 말을 음미해 보자.

자연상태에는(...)많은 것들이 결여되어 있다. 첫째, 자연상태에는 옳고 그름을 판별하는 기준이자 사람들 사이에서 모든 분쟁을 해결하는 공통된 척도로서 공통의 동의를 통해서 수용되고 인정된 법률 그리고 확립되고 안정된, 잘 알려진 법률이 없다. (...)둘째, 자연상태에는 확립된 법에 따라 모든 다툼을 해결할 수 있는 권위를 가진, 널리 알려진 무사공평한 재판관이 없다. (...)셋째, 자연상태에는 비록 올바른 판결이 내려지더라도 이를 뒷받침해서 지원해주고 그 적절한 집행을 확보해주는 권력이 종종 결여되어 있다. (120)

로크는 인간이 국가라는 사회를 만들기 이전의 자연상태에서 완전한 평등을 누린다 할지라도 그것은 원리적일 뿐 현실은 그렇지 않다고 말한다. 모두가 자연상태에서 살아갈 때 필시 발생하는 갈등과 분쟁을 어떻게 해결할 것인가. 법도 없고, 공평한 재판관도 없으니 말이다. 더욱 어떤 적절한 해결책이 있다고 해도 그것을 집행할 수 있는 힘이 없다면, 그 속에서 사는 인간의 모습은 어떨까. 불행하지나 않을까?

이 상태에서 만날 수 있는 것이 개인의 고통이다. 그 고통을 홉스는 "인간의 삶은 고독하고, 가난하고, 험악하고, 잔인하고 그리고 짧다"라고 표현한 것이다. 홉스가 자연상태에서의 인간의 비참함을 시적으로 표현했다면, 로크는 구조적 관점에서 불완전함으로 파악했을 뿐, 둘의 본질은 같다.

국가의 탄생

자연 상태에서 그는(인간은) 그러한 권리(자유)를 가지고 있기는 하지만 그 향유가 매우 불확실하고, 끊임없이 다른 사람이 침해할 위험에 놓여 있기 때문이라고 분명히 답할 수 있다. (…)그러므로(…)그들의 생명, 자유, 자산-내가 재산(property)이라는 일반적 명칭으로 부르는 것-의 상호보존을 위해서 사회를 결성할 것을 추구하거나 기꺼이 사회에 가입하려고 하는 것은 오히려 당연한 일이다. (119)

사람들은 사회에 들어갈 때 그들이 자연상태에서 가졌던 평등, 자유 및 집행권을 사회의 선이 요구하는 바에 따라 입법부가 처리할 수 있도록 사회의 수중에 양도한다. 그러나 그것은 오직 모든 사람이 그 자신, 그의 자유 및 그의 재산을 더욱 잘 보존하려는 의도에서 행하는 것이다. (123)

어떠한 정치적 사회도 그 자체 내에 재산을 보존할 권력 그리고 이를 위해서 그 사회의 모든 범죄를 처벌할 수 있는 권력을 가지지 않고서는 존재하거나 존속할 수 없다. 따라서 각각의 구성원이 이 자연적 권력을 포기하고, 공동체가 제정한 법에 따라 모든 사건에 관해서 그 보호를 호소할 수 있는 공동체의 수중에 그 권력을 양도한 곳, 오직 그곳에서만 비로소 정치사회가 존재하게 된다. (83)

로크에게 있어 국가는 왜 탄생했어야만 했는가? 그것은 앞서 이야기한 대로 자연상태에서 갖는 인간의 권리, 곧 생명, 자유, 자산(로크는 이 전체를 재산이라 함)에 대한 권리 향유가 불확실하기 때문이었다. 위 인용문에서 로크는 그것을 보다 분명하게 표현한다. 인간은 그 불확실함을 제거하기 위해 개인들이 가지고 있는 자연적 권리를 국가에 내놓았다는 것이다. 그러나 그것은 권리의 완전한 포기가 아니다. 그것은 국가란 정치질서를 통해 자신들이 가지고 있는 권리를 보다 잘 보존하기 위한 신탁행위에 불과했다.

재산이 곧 자유다

비록 대지와 모든 열등한 피조물은 만인의 공유물이지만, 그러나 모든 사람은 자신의 인신(person)에 대해서는 소유권을 가지고 있다. 이것에 관해서는 그 사람 자신을 제외한 어느 누구도 권리를 가지고 있지 않다. 그의 신체의 노동과 손의 작업은 당연히 그의 것이라고 말할 수 있다. 그렇다면 그가 자연이 제공하고 그 안에 놓아둔 것을 그 상태에서 꺼내어 거기에 자신의 노동을 섞고 무언가 그 자신의 것을 보태면, 그럼으로써 그것은 그의 소유가 된다. (34-35)

노동이야말로 그것들과 공유물 간의 구별을 가져온다. 노동이 만물의 공통된 어머니인 자연보다 더 많은 무엇을 그것들에 첨가한 것이다. (35)

태초에는 누구든 공유물이던 것에 기꺼이 노동을 지출하면 어디에서나 노동이 그것에 소유권을 부여하였다. (49)

만약 대지의 도토리나 다른 과실 등을 주워 모으는 것이 그것들에 대한 권리를 준다면, 누구든지 그가 원하는 만큼 많은 양을 독점하게 될 것이라는 반론이 그것이다. 이에 대해서 나는 그렇지 않다고 답변하겠다. 우리에게 이런 수단을 통해서 소유권을 부여하는 동일한 자연법이 또한 그 소유권을 제한하기 때문이다. (…)하느님은 (…)(우리가) 즐길 수 있는 만큼, 어느 누구든지 그것이 썩기 전에 삶에 이득이 되도록 사용할 수 있는 만큼 주셨다. (37-38)

자연은 소유권의 한도를 인간의 노동의 정도와 삶의 편의에 따라 적절하게 규정한다. 어떤 사람의 노동도 모든 것을 정복하거나 수취할 수 없다. 또한 그가 향유하여 소비할 수 있는 것도 매우 적은 양에 불과하다. 그러므로 어떤 사람이 다른 사람의 권리를 침해하거나 그의 이웃에 피해가 될 정도로 소유권을 취득하는 것은 불가능하다. (41)

　　로크를 근대 자본주의의 토대를 만든 사상가라고 칭송하는 사람들이 있다. 그것은 그가 소유권에 대해 특별한 의미를 부여했기 때문이다. 자본주의란 소유를 절대적으로 신봉하는 경제이념이다. 때문에 자본주의 하에서는 소유권은 권리 중의 권리, 기본권이다. 바로 로크가 근대 자본주의의 핵심이라고 할 수 있는 이 소유권을 사상적으로 확립했다는 것이다.

　　로크에 의하면 소유권은 국가가 탄생한 뒤 국가에 의해 만들어진 권리가 아니다. 그것은 국가 이전에 자연상태에서 만들어진 인간 본연의 권리다. 자연상태에서 모든 만물은 인간의 공유물이었고, 인간은 그 공유물을 개인의 소유물로 바꾸었다. 거기에서 소유권은 탄생했다는 것이다. 때문에 이 소유권은 국가 이전에 발생한 것으로 국가가 자의적으로 박탈될 수 없다는 게 로크의 생각이다.

로크가 말하는 소유권의 기초는 노동이다. 공유물이 한 개인의 소유물이 되는 것은 그가 그 물건에 노동을 가하기 때문이다. 그의 말대로 떡갈나무 밑에서 주운 도토리는 주운 사람이 임자다. 그것은 그가 줍는 행동 즉 노동을 해서 도토리를 주웠기 때문이다. 그렇다면 인간은 노동을 통해 무제한의 소유물을 축적한다는 게 로크의 주장인가? 이에 대해서는 로크가 그것을 긍정했다고 하면서 탐욕스런 자본주의의 원흉으로 그를 비판하는 사람들이 있다.

하지만 이런 비판은 지나치다. 아니, 로크의 〈통치론〉을 제대로 읽지 않은 이들의 성급한 결론이다. 위 인용문을 보라. 로크는 분명히 소유권의 한계를 말하지 않는가. 그 한계가 소유권을 인정한 자연법의 또 다른 명령이라고 하지 않는가.

로크의 자유관은 마치 사람들이 '호주머니가 비어 있을 때' 자유를 느끼지 못하는 것과 일맥상통할지도 모른다. 자유는 그냥 선언되는 것만으론 누릴 수 없다. 그것을 누릴 수 있는 능력이 있어야 한다. 소유는 바로 그 능력을 상징하는 것이다. 때문에 로크에게 있어 소유권은 자유의 핵심 요소다. 물질을 소유하는 것에서 자유는 탄생하고, 물질을 소유하지 않는다면, 그 자유는 허상이다. 소유와 자유는 딴 게 아니라 동전의 앞뒷면과 같은 관계다.

인민은 언제 저항할 수 있는가

인간이 사회에 들어가는 이유는 그들의 재산을 보존하기 위함이다. 그들이 입법부를 선출하고 권한을 부여하는 목적은 그 사회의 모든 구성원들이 가진 재산의 보호수단이자 울타리로서, 그 사회의 각 구성원이 행사하는 권력을 제한하고 지배력을 억제하는 법률을 제정하고 규칙을 만드는 데에 있다. (...) 입법부가 야심, 공포, 어리석음 또는 부패로 인해 인민의 생명, 자유 및 자산에 대한 절대적인 권력을 자신들의 수중에 장악하거나 아니면 그 밖의 다른 자들의 수중에 넘겨줌으로써 사회의 기본적인 규칙을 침해하게 되면 언제나 그들은 인민이 그것과는 상반된 목적으로 그들의 수중에 맡긴 권력을 신탁 위반으로 상실하게 된다. 그 권력은 인민에게 되돌아가며 인민은 그들의 원래의 자유를 회복할 권리와 (그들이 적합하다고 생각하는 바에 따라) 새로운 입법부를 설립함으로써 바로 그들이 사회에 가입한 목적에 다름 아닌 그들 자신의 안전과 안보를 강구할 수 있는 권리를 가지게 된다. (208-209)

정당한 권리 없이 무력을 사용하는 자는 누구든지, 법에 근거함이 없이 무력을 행사하는 사회의 모든 성원과 마찬가지로, 그가 무력을 사용하는 상대방에게 전쟁상태를 도발하는 셈이다. 그 상태에서 이전의 모든 유대는 취소되며 그 밖의 모든 권리가 중지되며, 모든 사람은 스스로를 방어하고 침략자에게 저항할 권리가 있다. (217-218)

로크의 사상 중에서 가장 중요한 것은 국가가 그 설립목적을 위반한 경우 인민에게 저항권이 인정되느냐이다. 이에 대한 로크의 입장은 홉스처럼 모호한 게 아니다. 그는 인간이 사회와 국가를 만든 것은 재산(여기에는 생명과 자유 그리고 자산이 포함됨)을 보호하기 위함이고, 그것 때문에 자신의 자연적 권력을 스스로 제한시켰다고 말한다. 따라서 국가가 이 목적에 반하는 행동을 한다면 그것은 목적 위반으로 개인은 당연히 저항할 수 있어야 한다.

로크의 이런 저항권은 〈통치론〉이 세상에 나온 뒤 1백 년이 안 되어 서구의 역사에 각인되었다. 미국의 독립전쟁은 저항권 차원에서 이해할 수 있는 역사적 사건으로 독립선언문엔 그것이 저항권의 발로였음을 명문으로 표현하였다. 독립선언문 전문을 보면 이런 대목이 보인다.

우리는 다음과 같은 사실, 즉 모든 사람은 평등하게 태어났으며, 조물주는 빼앗길 수 없는 일정한 권리를 모든 사람에게 부여했다는 사실을 자명한 진리라고 생각한다. 그러한 권리에는 생명, 자유, 행복추구의 권리가 포함되어 있다. 이러한 권리를 보장하기 위하여 인류는 정부를 조직했으며, 이 정부의 정당한 권력은 피치자의 동의에서 유래되는 것이다. 또 어떤 형태의 정부이든 이러한 목적으로 유린할 때에는 언제든 그 정부를 변혁하거나 폐지하고, 인민의 안전과 행복을 가장 효과적으로 가져다줄 수 있는 그러한 원칙에 기초를 두고, 그러한 형태로 권력을 조직한, 새로운 정부를 수립하는 것이 인민의 권리이다.

그것만이 아니다. 로크의 저항권 사상은 프랑스 대혁명 이후 선언된 '인간과 시민의 권리선언'(1789년) 제2조에서도 발견된다.

제2조 모든 정치적 결사의 목적은 인간의 자연적이고 침해할 수 없는 권리를 보존하는 데 있다. 그 권리는 자유권, 재산권, 안전권 그리고 압제에 대한 저항권이다.

인권고전강독 3

인간 불평등의 기원

-장 자크 루소의 〈인간불평등기원론〉-

"어떤 토지에 울타리를 두르고 "이것은 내 것이다"선언하는 일을 생각해 내고, 그것을 그대로 믿을 만큼 단순한 사람들을 찾아낸 최초의 사람은 정치사회(국가)의 창립자였다."(본문 명저)

나는 어린 시절 매우 가난한 환경에서 자랐다. 부모님은 열심히 일했지만 생활은 달라지지 않았다. 머리가 굵어가면서 이런 생각을 했다. 어찌 세상엔 부자가 있고, 가난한 사람이 있을까? 어찌 우리 집은 늘 이렇게 가난하게 살아야 할까? 어린 눈에도 세상의 불평등은 보였고, 그 이유를 알고 싶었다. 그러나 대학에 들어가 법학을 공부했지만, 한동안 그런 의문을 까맣게 잊고 지냈다. 법의 본질이 무엇인지, 그것이 세상의 불평등과 어떤 관련이 있는지 깊이 있게 생각해 본 적이 없다. 그저 빨리 고시나 합격했으면 좋겠다는 자세로 공부했던 것이다.

그러다가 어느 날 우연히 한 권의 책을 보게 되었다. 장 자크 루소(1712-1778)의 〈인간불평등기원론〉. 그 책을 보자마자 불현듯 과거가 생각났고, 어렸을 때부터의 의문이 샘솟았다. 분량도 얼마 안 되는 것 같아 한 두어 시간이면 끝낼 것 같다는 생각에 첫 페이지를 넘겼다. 그런데, 이게 만만한 책이 아니었다. 몇 장을 넘기고서는, 이 책이 고시공부하면서 막간을 이용해 읽을 책이 아니란 사실을 알았다.

그리고 얼마나 시간이 흘렀는가. 변호사가 되고, 대학에서 학생을 가르치는 연구자가 되었다. 그것도 인권법을 가르치는 선생이 된 것이다. 이때 내 눈에 다시 들어온 책이 바로 이 책이다. 몇 번을 읽었는지 모른다. 드디어 루소의 〈인간불평등기원론〉이 내 자신의 일부가 되었다.

이 책은 볼륨은 얼마 안 되지만 많은 것을 생각하게 하는 명저다. 나는 그중에서, 이 책의 핵심을 가장 잘 표현한 부분으로 한 문단만 뽑으라면, 다음 문단을 서슴없이 뽑는다.

> 어떤 토지에 울타리를 두르고 "이것은 내 것이다" 선언하는 일을 생각해 내고, 그것을 그대로 믿을 만큼 단순한 사람들을 찾아낸 최초의 사람은 정치사회(국가)의 창립자였다. 말뚝을 뽑아내고, 개천을 메우며 "이런 사기꾼이 하는 말 따위는 듣지 않도록 조심해라. 열매는 모든 사람의 것이며 토지는 개인의 것이 아니라는 것을 잊는다면 너희들은 파멸이다!" 동포들에게 외친 자가 있다고 한다면, 그 사람이 얼마나 많은 범죄와 전쟁과 살인, 그리고 얼마나 많은 비참함과 공포를 인류에게서 없애 주었겠는가? (〈인간불평등기원론/사회계약론〉(최석기 옮김), 94)

이 말은 이 책의 제2부 첫머리에 나온다. 내가 보기엔 이 책의 다른 부분은 이 말의 부연 설명이라고 보아도 무방하다. 〈인간불평등기원론〉은 디종 아카데미가 1753년 논문현상공모를 하면서 낸 문제(인간 불평등의 기원은 무엇인가? 그리고 그것은 자연법에 의해 인정되는가?)에 대해 루소가 답한 논문이다. 아쉽게도 이 해 논문심사에서 이 논문은 심사자들의 눈에 들지 못함으로써 루소는 낙방의 고배를 마실 수밖에 없었다. 하지만 세월이 흐르면서 이 논문은 그 가치를 인정받았고, 루소 사후엔 불후의 명저로 세계인들로부터 사랑받고 있다.

나는 매년 인권사상사나 인권법 강의를 하면서 이 책을 학생들과 함께 읽는다. 특별히 위 부분을 읽을 때는, 몇 번이나 반복해서 읽은 다음 학생들과 토론을 하는데, 꽤나 즐거운 경험이 되고 있다.

루소는 이 책의 주제인 불평등의 문제가 철학이 제기할 수 있는 가장 흥미롭고도 가장 성가신 문제 중 하나라고 했다. 그에 의하면 인간 불평등의 기원은 소유제도다. 이 소유제도를 만들기 위해 국가가 만들어졌으며 그것이 바로 법의 기원이 되었다는 것이다. 이런 주장이 저 한 단락에 함축적으로 표현되어 있다. 한번 나와 함께 저 단락을 잠시 분석해 보자.

우선 소유권이 탄생한 과정을 보자. 어느 날 한 사내가 나타나 땅에 울타리를 두르고 "오늘부터 이 땅은 내 것이다"라고 선언했다. 그런데 이러한 선언에 대해 다른 사람들이 이의를 제기하지 않고 그대로 인정했다. "그렇소, 그 땅은 당신의 땅이오"라고 했다는 것이다. 자연상태에선 세상의 모든 땅은 누구의 소유도 아니었을 텐데, 이게 어느 날부터 '누구의 땅'이 되었다. 어떻게 해서? 누군가가 자신의 것이라 선언하고, 이에 대해 사람들이 그것을 '인정'했기 때문이다. 거기에서 소유권이라는 게 탄생했다.

만일 루소의 말대로 누군가가 "이 땅은 내 것이오"라고 했을 때, "야, 이 사기꾼아, 어떻게 해서 이 땅이 네 땅이냐, 이 땅은 우리들 모두의 땅이지"라고 말했다면 소유제도는 탄생하지 않았을 것이다. 이것은 사람들이 땅을 배타적으로 사용하고 처분하는 방식을 인정하지 않았다면, 소유권(혹은 소유제도)은 탄생하지 않았을 것이라는 것을 의미한다. 역사상 그런 민족들도 많았다. 유목민족 중에서 특별히 그런 예가 많은데, 예컨대 몽골족이나 미주대륙의 인디언들은 개인에 의한 토지 소유를 인정하지 않았다.

그런데 많은 민족(특히 농경민족)들이 배타적 소유관념을 인정했다. 그게 사회적 합의에 의해 이루어진 '인정'인지는 불명확하지만, 확실한 것은 그 소유관념의 인정을 항구화시키는 데 있어 필수 불가결한 존재가 국가라는 사실이다. 또한 국가가 그 소유관념을 제도화시키는 데 수단으로 사용한 게 법이란 사실이다. 루소의 생각으론 인간불평등의 기원은 소유를 둘러싼 국가의 탄생, 법의 탄생이다.

> 사회와 법률의 기원은 이런 것이었다. (...)이 사회와 법률이 약한 자에게는 새로운 멍에를, 부자에게는 새로운 힘을 주어 자연의 자유를 영원히 파괴해 버렸다. 또 사유와 불평등의 법률을 영원히 고정시키고, 교묘한 찬탈로써 취소할 수 없는 권리를 만들어 일부 야심가의 이익을 위해 이후 전 인류를 노동과 예속과 빈곤에 굴복시킨 것이다. (107)

그런 이유로 루소 사후 반 세기도 지나기 전에 인류사회의 평등을 목표로 탄생한 사회주의가 국가와 법 그리고 소유제도를 1차적 공격대상으로 삼은 것은 필연적인 일이었다.

이 글을 마치면서 루소에 대한 오해 하나를 풀어야겠다(아니 이것은 루소뿐만 아니라 홉스 등의 사회계약론자 일반에 대한 오해이기도 하다). 사람들 중에선 루소가 인간불평등 기원에서 이야기의 출발점으로 삼은 자연상태는 역사상 존재하지 않았다고 하면서 그의 주장 전체를 부정하기도 한다. 그러나 이것은 루소의 말을 제대로 이해하지 못한 결과이다. 루소는 자연상태를 추정하긴 했지만 그러한 것이 역사적으로 실재했다고 말한 바가 없다. 오히려 그는 그런 자연상태는 존재한 적이 없으며 앞으로도 존재하지 않을 것이라고 주장했다. 그는 그것을 오로지 비판적 도구로 사용했을 뿐이다. 그는 사람들에게 자연으로 '되돌아가라(return)'고 요구한 게 아니라 단지 자연으로 '향하라(turn)'고 요청했을 뿐이다.

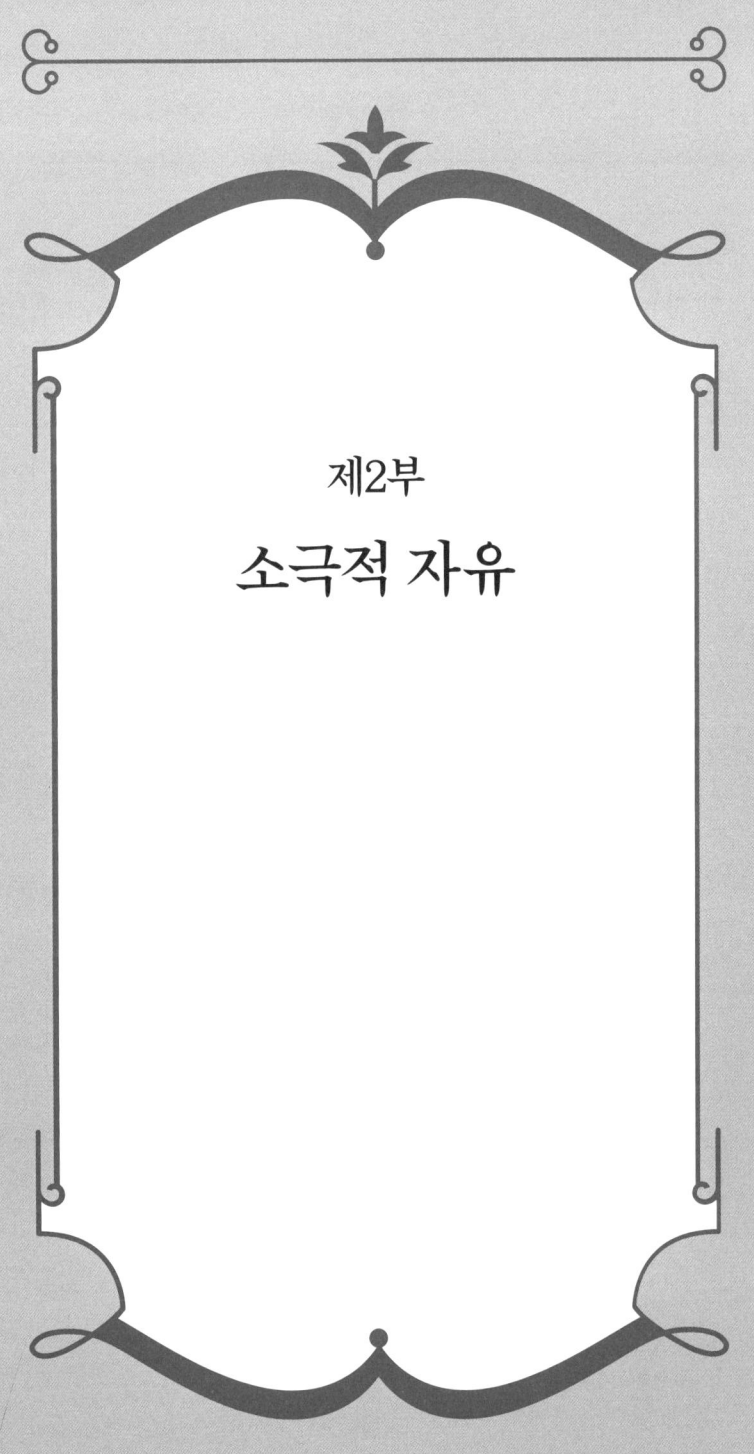

제2부

소극적 자유

근대국가에서 발전한 인권개념, 그중에서도 자유개념은 소위 소극적(negative) 성격을 띠는 것이었다. 한 시민이 자유를 누리는 데에는 국가가 특별히 무슨 의지를 갖고 행동을 할 필요가 없었다. 그저 소극적인 자세로 그 자유에 간섭하지 않으면 되는 것이었다. 개인의 신체의 자유는 국가가 개인의 신체를 존중함으로써 보장되는 것이고-예를 들면, 국가가 길거리에서 이유 없이 개인의 신체를 체포해 구금하지 않으면 국가는 개인의 신체의 자유를 보장하는 것이다-종교의 자유는 국가가 종교에 대한 개인의 선택을 방해하지 않으면 보장되는 것이다. 사람들은 자유를 개인이 마음대로 그것을 누리는 것으로 이해하기보다는 '국가가 그것을 존중하고 제한을 자제하는 것'으로 이해했다. 이런 자유의 개념은 '국가권력이 한 개인의 자유에 간섭할 수 있는 유일한 정당성은 그 개인이 타인에게 해악을 가할 때 그것을 방지하는 것'이라는 존 스튜어트 밀의 '자유론'에 의해서 완성되었다.

인권고전강독 4

자유주의 이론의 정수 '자유론'에 다가가기
-존 스튜어트 밀의 〈자유론〉-

"자유라는 이름에 합당한 유일한 자유는, 우리가 타인의 행복을 탈취하려고 시도하거나, 행복을 성취하려는 노력을 방해하지 않는 한에서, 우리 자신의 방법으로 우리 자신의 선을 추구하는 자유이다."(본문 명저)

공부라는 것

학창시절 공부를 잘하는 친구가 다 학자가 되진 않는다. 학자는 공부를 잘한 사람이 되기보다는 공부를 좋아하는 사람 중에서 되는 법이다. 공부를 좋아하는 사람의 특기는 인내를 잘하는 것이다. 그것 없이는 어떤 학문적 성과도 이룰 수 없다.

인내는 오랜 시간 땀을 내는 과정이다. 때론 신체에 무리가 가기도 하지만 견뎌야 한다. 무언가 성과를 내기를 위해선 어쩔 수 없다. 학자는 이것을 견뎌 어떤 학문적 성과를 내고, 그것이 끝나면, 또 다른 성과를 내기 위해, 다시 인내의 바다에 뛰어들어야 한다. 그것을 업으로 할 수 있는 사람만이 학자다.

인권강독을 하면서 이런 말을 하는 것은 이 강독을 하는 내 모습도 기본적으론 저 인내의 시간을 보내고 있기 때문이다. 강의에, 외부회의에, 때론 SNS에서 대중과의 소통에…. 내 일상은 사실 바쁘지 않은 날이 없다. 그럼에도 나는 내 시간이 온전히 확보되는 밤 그리고 이른 새벽에, 고전을 읽고, 그 의미를 파악하기 위해 밑줄을 긋고, 그것을 옮겨 적는다.

그런 다음 그것에 의미를 부여하는 글을 쓴다. 이렇게 해서 하나하나 내 강독이 완성되는 데, 비록 이것이 큰 학문적 성과는 아니라도, 내겐 하나하나 땀의 소산이다. 글 한 줄 한 줄을 기도하는 맘으로 쓴다. 이것이 없으면 나 박 아무개는 존재하지 않는다는 그런 심정으로 이 글을 쓴다.

근대 자유론의 정점, 〈자유론〉과 저자 존 스튜어트 밀

근대국가에서의 자유 혹은 인권의 의미는 17세기 이후 꾸준히 발전했다. 그것은 주로 개인이 국가와 어떤 관계를 갖느냐의 문제였다. 개인은 국가에 어떤 권리가 있고, 국가는 개인의 권리에 어떻게 개입을 할 수 있는가, 바로 이것이 인권의 가장 중요한 문제였다. 그 핵심을 차지하는 것이 바로 자유였다.

개인은 국가에 대하여 얼마나 자유로울 수 있는가, 국가는 개인의 자유를 얼마나 제한할 수 있는가, 이것이야말로 근대 인권 사상가들에겐 최고의 관심사였다. 이 자유론은 19세기 그 정점에 도달했다. 누군가에 의해 그 이론이 종합적으로 정리될 단계에 이르렀다. 위대한 고전으로 불리는 〈자유론〉(1859)은 그런 시점에서 탄생한 것이다.

〈자유론〉의 저자는 영국의 사상가 존 스튜어트 밀(1806-1873)이다. 밀은 경제학자 제임스 밀의 장남으로 태어나 아버지로부터 철저히 영재교육을 받으며 어린 시절을 보냈다. 12세에 보통 30세 이상이어야 소화할 수 있는 지식을 습득했고, 15세에는 경제학, 역사학, 철학, 자연과학에 정통했다. 17세부터 동인도회사에 취직해 일과 저술활동을 병행했다. 아버지 친구인 벤담의 영향을 받아 공리주의 철학을 받아들였으나 꾸준히 다른 지식을 섭렵해 경직된 공리주의에서 해방되었다.

밀을 이야기하면서 반드시 소개할 사람이 있다. 한 여성이다. 밀은 나이 24세 때 아름다운 여인 헤리엇 테일러를 만나 사랑에 빠진다. 그녀는 유부녀. 이 둘의 관계가 정확히 어떠했는지는 모른다. 하지만 그 관계는 길었고 마침내 그 둘은 이승에서 부부의 연을 맺는다. 테일러의 남편이 죽자 둘은 결혼을 한 것이다.

밀이 테일러로부터 받은 영감이 무엇이었을까? 흥미로운 질문이지만 이곳에선 그 이야기를 쓰는 게 목적이 아니니 길게 쓰는 대신 밀이 〈자유론〉을 내면서 책머리에 붙인 헌사 일부를 옮긴다.

> 나는 이 책을 나의 저술 중에서 모든 것에 최선의 영감을 불어넣어 주었고, 그 일부를 직접 쓰기도 하였던 여인에 대한 사랑스럽고도 애도에 찬 추억에 바친다. 그녀는 나의 친구이자 부인이었고, 그녀가 진리와 정의에 대하여 보여 준 고귀

한 의우감은 나에 대한 가장 강렬한 격려가 되었고, 그녀의 추인은 나의 주요한 보상이었다. 내가 수년간에 걸쳐 썼던 모든 저술이 그러하듯이, 이 책은 나의 것인 동시에 그녀의 것이기도 하다. (...) (헌사 중에서)

〈자유론〉의 핵심에 어떻게 다가갈 것인가

근대사상으로서 자유의 의미를 확실히 이해하기 위해선 반드시 밀의 〈자유론〉을 읽어야 하고 그 핵심을 이해해야 한다. 이것은 우리의 인권 그중에서도 우리가 누려야 하는 자유의 의미를 이해하는 데에도 큰 도움이 된다. 밀의 〈자유론〉을 읽는 것은 단지 지적 즐거움만을 위한 것이 아니라 매우 실천적이기도 한 것이다. 내 자유, 우리의 자유를 지키기 위해서, 우리는 이 〈자유론〉을 읽어야 한다.

그런데 문제는 이 책 역시 만만치 않다는 것이다. 분량이 많다고 할 수는 없지만 밀이 말하고자 하는 핵심을 꼭 집어내기는 쉽지 않은 일이다. 그것을 하기 위해선 인내를 갖고 우리의 지적역량을 동원해야 한다. 나는 이 설명을 위해 국내에 번역된 두 권의 책을 활용했고, 이 두 권으로도 뜻이 통하지 않는 경우 영어 원문을 직접 보면서 그 의미를 파악했다.

철학자 김형철 교수가 번역한 〈자유론〉(개정판, 서광사)은 비교적 원문을 그대로 번역했으면서도 그 의미를 잘 전달하고 있다. 법학자 박홍규 교수가 번역한 〈자유론〉(문예출판사)도 수준급이며 특히 각 장의 서두와 맨 뒤에 붙인 해제가 좋다.

나는 이 짧은 글에서 〈자유론〉을 세밀하게 설명할 수 없다. 짧지만 아주 선명하게, 밀의 생각을 그의 글에서 직접 찾아 인용하면서, 강독의 형식으로 설명하고자 한다. 가급적 밀의 이야기는 길게, 내 설명은 짧게 할 것이다. 이런 설명 방법이 얼마나 성공할지….

이제 독자들이 해야 할 몫은 집중하는 것이다. 이 글을 읽기 위해 눈에 불을 밝히자, 그러면 그 뜻이 서서히 나타날 것이다.

〈자유론〉의 핵심사상은 무엇인가

많은 사람들이 동의하지만 밀이 그린 사회는 자유로운 사회였다. 국가가 개인의 생활에 최소한의 간섭만 허용하는 사회, 그런 사회를 그렸다. 그것은 밀이 다양성을 존중하는 사회가 가장 이상적인 사회라고 믿었기 때문이다. 그는 책 중간에서 독일 철학자 폰 **훔볼트**의 말을 이렇게 인용한다.

> 모든 인간이 끊임없이 힘써 노력해 추구해야 할 뿐만 아니
> 라, 자기 동포를 이롭게 하려는 사람들이 언제나 마음속에
> 간직해야 할 목적은, 개성을 활기차게 발전시키는 데 있다. (
> 박홍규/131)

이 말은 '인간을 최대한 다양하게 발달하도록 하는 것이 절대적이고도 본질적으로 중요하다'는 주장이다. 이렇게 하기 위해서는 어떤 사회, 어떤 국가가 되어야 하는가? 바로 이것이, 밀이 자유론을 쓴 동기라고 할 수 있다.

밀은 책 첫 장에서 글의 목적을 분명히 쓰고 있다. 사회가 한 인간의 자유를 제한한다면 그 원칙이 무엇이냐이다. 인간이 사회적 존재라면 혼자서 마음대로 살 수는 없다. 사회 내에서 일정한 규칙을 지켜야 하며, 타인과의 조화 속에서 살지 않으면 안 된다. 인간의 자유가 언제나 절대적일 수는 없다. 하지만 자유를 억압하기 위해선 사회 구성원들이 합의할 수 있는 분명하고도 합리적인 규칙이 있어야 한다. 도대체 그 규칙이 무엇일까?

> 이 논문의 목적은 강제와 통제의 방법으로써-사용수단이 형
> 사적 처벌의 형태인 물리적 힘이거나 공공여론의 도덕적 강
> 제이거나 간에-사회가 개인을 대하는 방도를 절대적으로 규

정치는 자격을 갖추게 될 대단히 간단한 한 원칙을 주장하려는 것이다. 그 원칙은 인류가 개인적으로나 집단적으로 어느 한 개인의 자유에 정당하게 간섭을 하는 유일한 목적은 자기방어라는 것이다. 권력이 문명사회의 한 구성원에게 본인의 의사에 반해서 정당한 제재를 가할 수 있는 유일한 목적은 타인에게 가해지는 해악을 방지하는 것이다. (김형철/29)

〈자유론〉의 핵심이론을 많은 학자들은 해악이론(harmful theory)이라 명명한다. 위 인용문은 바로 그것을 직접적으로 말해주는 대목이다. '국가권력이 한 개인의 자유에 간섭할 수 있는 유일한 정당성은 그 개인이 타인에게 해악을 가할 때 그것을 방지하는 것'이라는 것이다.

어떤 사람이 타인에게 해악을 끼쳐 사회(국가)로부터 간섭(물리적 강제력)을 받게 되는 경우는 그의 행동이 타인과 관련성이 있을 때나 가능한 것이다. 만일 그 행동이 다른 사람과 관련이 없고, 오로지 자신의 영역 내에서 일어나는 일이라면, 그런 일은 아예 있을 수 없다.

우리는 기본적으로 누구의 간섭을 받고 사는 것보다는, 내가 생각하는 방식대로 자유스럽게 사는 게 좋다. 그렇게 살면 세상은 다양성이 확보되고, 그것이 곧 인류의 삶에 더 큰 혜택을 주는 것이다. 밀은 이에 대해 이렇게 역설한다.

> (…)그 물리적 강제력을 정당화하기 위해서는, 그가 행하지 못하도록 제지당하는 행위가 타인에게 해악을 초장할 것이라는 사실이 예측되어야만 한다. (…)단순히 자신에게만 연관된 부분에 한해서, 개인의 독립성은 당연히 절대적이다. 개인은 자기 자신에 대해서, 즉 자신의 육체와 정신에 대해서 주권자이다. (김형철/30)

> 자유라는 이름에 합당한 유일한 자유는, 우리가 타인의 행복을 탈취하려고 시도하거나, 행복을 성취하려는 노력을 방해하지 않는 한에서, 우리 자신의 방법으로 우리 자신의 선을 추구하는 자유이다. (…)각자가 자신에게 좋다고 생각되는 방식대로 살도록 내버려 두는 것이 각 개인을 타인에게 좋다고 생각하는 방식대로 살도록 강제하는 것보다 인류에게 큰 혜택을 준다. (김형철/34)

다양성 사회를 위한 전제조건 '사상의 자유'

밀이 〈자유론〉을 쓰면서 가장 신경 쓴 자유의 항목은 사상의 자유이다. 다양성의 사회에서 이 자유만큼 중요한 게 없다. 이 말을 계속하기 전에 밀이 〈자유론〉에서 생각한 자유의 세 영역을 눈여겨볼 필요가 있다.

그가 말하는 자유의 첫 번째 영역은 의식의 내면적 영역이다. 양심의 자유, 사상과 감정의 자유 등이 바로 여기에 속한다. 두 번째는 취향과 탐구의 영역이다. 이것은 우리가 하고 싶은 대로 행동하는 자유의 영역이다. 우리의 생활을 우리 자신의 성격에 맞도록 계획하는 자유 등이다. 세 번째는 개인의 자유를 넘어 개인들이 단결하는 자유의 영역이다. 결사의 자유라고 할 수 있다.

밀은 이렇게 자유의 영역을 구별하면서 첫 번째 영역은 기본적으로 절대적 자유가 보장되어야 한다고 한다. 나아가 표현의 자유는 사상의 자유의 연장선에서 특별한 보호를 받아야 함도 주장한다. 두 번째와 세 번째 영역은, 우리가 타인에게 행복을 뺏으려 하지 않는 한, 또는 타인이 행복을 얻고자 노력하는 것을 방해하지 않는 한, 우리 자신의 방법으로 우리의 행복을 추구하는 자유이다.

이렇게 밀은 한 문명국가의 전제로서 사상의 자유(거기에서 연장된 표현의 자유)는 거의 절대적으로 보장되지 않으면 안 된다는 것을 역설하면서 〈자유론〉에서 독립의 장을 할애해 그 이유를 설명한다. 그에 의하면 우리는 어떤 의견이든 그 주장을 부인하지 말고 공론의 장에 올려놓고 함께 토론해야 한다.

비록 어떤 경우엔 문제 된 의견이 세상 사람 중 극히 소수, 극단적으론 단 한 사람만이, 주장한다 해도 우리는 그 침묵을 요구할 수 없다. 〈자유론〉의 이 부분은 굳이 해설할 필요를 느끼지 못할 정도로 그 논지가 분명하다.

> 비록 한 사람을 제외한 전 인류가 동일한 의견을 갖고 있고 오직 한 사람만이 반대의견을 가진다고 하더라도, 그 한 사람이 권력을 가지고 있어서 전 인류를 침묵시키는 것이 부당한 것과 마찬가지로 인류가 그 한 사람을 침묵시키는 것도 부당하다. (…) 의견 발표를 침묵케 하는 데에서 발생하는 해악의 특수성은 현세대와 차세대를 포함한 전 인류의 행복을 강탈한다는 사실과, 의견을 제시하는 사람들보다는 의견에 반대하는 사람들의 손실이 더 크다는 사실이다. 만일 그 의견이 옳다면, 인류는 오류를 진리와 교환할 기회를 상실하게 되고, 만

일 그것이 틀리다면, 진리가 오류와 충돌하면서 발생하게 되는 진리에 대한 더욱 명백한 인식과 더욱 선명한 인상을 상실하게 되는 엄청난 혜택의 손실을 입게 된다. (김형철/42-43)

인간은 자신의 잘못을 토론과 경험을 통해 고칠 수 있다. 단순히 경험에 의해서만이 아니다. 경험이 어떻게 해석되어야 하는가를 밝히려면 반드시 토론이 필요하다. 잘못된 의견과 관행은 점차 사실과 논의에 복종하게 되지만, 사실과 논증이 인간 정신에 어떤 영향을 미치려면 먼저 그것이 인간 정신 앞에 제시되어 판단되어야 한다. 그 자체의 의미를 드러낼 평가 없이 그 자체를 드러낼 수 있는 사실이란 거의 없다. (박홍규/65)

우리가 이 부분을 읽으면서 생각해 볼 것은 우리의 현실이다. 밀의 이야기는 어떤 사상이라도 그 침묵을 강요하지 말라는 것이다. 설혹 위험한 사상이라도 사상의 자유시장에 올려놓고 토론을 해보아야 한다. 무엇이 무서워서 그리하지 못한다는 말인가. 세상에 필요 없는 사상이라면 시간이 가면서 도태되기 마련이다. 그게 순리다.

밀이 죽은 지 150여 년이 지난 대한민국은 어떤가? 우리의 머리를 스치는 것들, 국가보안법? 아직도 금서 타령이다. 국가가 읽지 말아야 할 책을 읽으면 불이익을 당한다. 국정교과서? 국가가 일부 역사책을 좌편향 교과서라고 하면서 학생들의 머리를 단순하게 만들어주겠다고 역사책을 직접 만들려고 한다. 밀이 환생해서 이런 대한민국의 상황을 보면 무슨 말을 할까?

국가는 어떤 존재이어야 하는가

밀이 복잡하게 논증한 것 같지만, 그의 입장은 초지일관 분명하다. 어떤 사람의 행동이 타인의 이익(권리)을 침해했을 경우에만 법으로 규제하라는 것이다. 그전에는 설혹 기분 나쁘더라도 개인의 행동에 간섭해서는 안 된다.

개인은 기본적으로 자신과 관계된 일에서 자신이 원하는 방법으로 살 권리가 있다. 국가는 이것을 인정하고 그런 방법으로 운영될 수 있도록 해야 한다. 그런 면에서 밀이 원하는 정부는 큰 정부가 아니고 작은 정부다. 국가가 개인의 생활에 간섭을 최소화한다면 그 기능이 많으면 안 된다. 작으면 작을수록 좋다. Small is beautiful!

어떤 사람의 행동 일부가 타인의 이익에 해를 끼치면 사회는 이를 법으로 규제하게 되는데, 여기서 그러한 간섭에 의해 일반적 복지가 증진되는가 아닌가 하는 문제가 논의되게 된다. 그러나 어떤 사람의 행동이 자신 외의 타인에게 영향을 주지 않거나, 타인이 원하지 않는 한(여기서는 성년에 도달하여 정상적인 이해력을 갖는 사람만을 고려 대상으로 삼는다) 그들의 이익에 영향을 줄 필요가 없는 경우, 그런 문제가 제기될 여지가 없다. 그 모든 경우에는 그러한 행동을 하고, 그러한 결과에 책임지는 완전한 법적·사회적 자유가 인정되어야 한다. (박홍규/165)

한 개인은 자신과 관계되는 일에 있어서 자신이 원하는 대로 행동하도록 자유로워야 한다. (...)국가는 자신에게만 특별히 관계되는 일에 있어 개인의 자유를 존중해야 하지만, 다른 한편으로 개인이 다른 사람에 대하여 권력을 행사하는 경우에 국가는 그의 권력 행사를 감시하고 통제해야 할 의무가 있다. (김형철/183)

이런 국가만이 위대한 국민을 만들어낼 수 있다. 국민의 개성을 살려주고 그 개성이 꽃을 피울 수 있도록 도와주는 사회만이 국민들은 능력을 발휘해 위대한 사회를 만들 수 있다. 자유를 만끽

할 수 있는 사회에서 우리가 가지고 있는 오만가지 개성을 활짝 꽃 피울 수 있는 사회가 위대한 사회라는 이야기다. 〈자유론〉을 끝내면서 밀은 다음과 같은 말로 그의 염원을 표현한다. 생각하면, 이것은 그만이 아니라 우리 모두의 염원이다.

> 국가의 가치란, 궁극적으로 국가를 구성하는 개인들의 가치다. 개인의 정신적 발달과 향상이라는 이익을 뒤로 돌리고, 세부의 사소한 사무를 처리하는 행정기능, 또는 경험에서 얻게 되는 사이비 재능을 조금이라도 더 늘리기 원하는 국가, 또한 국민을 위축시켜 국가가 마음대로 좌우할 수 있는 온순한 꼭두각시로 만들고자 하는(비록 그것이 국민의 이익을 위해 행해지는 것이라고 해도) 국가는 머지않아 다음을 알게 될 것이다. 즉, 국민이 위축되면 어떤 위대한 일도 실제로 성취할 수 없고, 또 국가가 모든 것을 희생하여 완전한 기구를 만들었다고 해도, 그 기구를 더욱 원활하게 운영하려고 한 나머지, 스스로 배제한 바로 그 구성원의 활력의 결여로 인해, 결국은 그러한 기구가 쓸모없게 되어버린다는 것은 알게 될 것이다. (박홍규/241)

한 가지 더, 〈자유론〉의 한계

〈자유론〉 강독을 끝내면서 한 가지 부연 설명을 할 것이 있다. 밀이 말하는 자유의 성격이다. 밀의 자유는 국가로부터의 자유(freedom from state)다. 즉, 국가의 간섭으로부터 해방되는 자유이다. 이것은 국가의 간섭 억제로서 가능하다. 즉, 국가가 무엇을 적극적으로 하기보다는 하지 않음으로써 가능한 자유다.

양심의 자유를 보라. 국가가 한 개인의 생각에 간섭하지 않으면 보장되지 않겠는가. 학자들은 이런 자유를 소극적 자유(negative liberty)라고 부르며, 19세기 자본주의 사회에서 국가에 요구된 자유였다고 한다. 밀의 자유론은 바로 이 소극적 자유를 설명한 것이다.

하지만 20세기 이후 개인의 자유는 국가의 불간섭으로만 보장되는 게 아니라는 생각이 고개를 들기 시작했다. 국가의 일정한 개입이 있어야만 개인의 자유가 실질적으로 보장된다는 것이다. 양심의 자유도 그게 순수한 개인의 생각의 자유이니 국가가 불간섭하기만 하면 보장된다고 볼 수 없다.

생각이라는 것도 많은 경우 교육의 소산으로 일정한 지적

수준이 유지되어야 가능하다. 그러면 한 개인이 일정한 지적 수준을 확보하려면 어떻게 해야 하나. 국가의 교육을 위한 적극적 노력이 필요하다. 이렇게 보면 양심의 자유를 순전히 소극적 자유라고만 보는 것도 문제다. 국가의 적극적 의무가 필요한 적극적 자유의 일면이 있음을 부인할 수 없다는 것이다.

밀의 자유론은 바로 이 지점이 한계다. 이것은 밀만의 한계가 아닌 19세기 자유론의 한계다. 그러니 이것을 밀의 책임이라고 할 수는 없다. 이런 논의는 밀의 사후 한 세기가 지나서야 비로소 본격적으로 논의되었기 때문이다.

인권고전강독 5

유혈의 호수에 가로놓인 사상의 역사
-존 베리의 〈사상의 자유의 역사〉-

"우리는 언론의 자유에 너무 익숙해져 그것을 하나의 당연한 권리로 간주한다. 그러나 이 권리는 아주 최근에야 획득되었으며 그것을 얻는 데 이르는 길에는 유혈의 호수들이 가로놓여 있었다."(본문 명저)

도올 김용옥의 분투를 보면서

　　도올 김용옥은 세상이 다 아는 전방위적인 지식인이다. 특히 도올의 동양철학과 신학에 대한 폭과 깊이는 세칭 그 세계의 전문가라는 이들에 비해 한 차원 다른 모습을 보여준다. 그에 대한 안티도 제법 있지만 나는 그로부터 많은 것을 배운다. 특히 그가 우리 기독교에 가하는 일침은 광야를 헤매는 고독한 선지자의 외침으로 받아들인다.

　　도올의 기독교에 관한 주장 중 핵심은 성서에 대한 새로운 이해이다. 소위 정통 기독교라고 하는 곳에서 성경은 성령에 의해 쓰인 것이라 일점일획도 틀릴 수 없는 것으로 받아들여진다. 그러나 도올에게 그것은 황당한 거짓말에 불과하다.

　　도올은 성경이 문명의 산물인 이상 인간의 창작물에 속하는 것이므로 그것은 인간 지혜의 소산으로 분석되어야 한다고 주장한다. 도올의 주장은 기존의 통념을 뒤엎는 매우 파격적인 것이기에 그의 말마따나 맹목적 신앙과 보수적 교단의 이해만을 고집하는 사람들에게는 크나큰 충격일 것이다.

　　그런데 문제는 사람들의 충격이 우리 신학의 발전을 위한 이성적 토론으로 연결되지 않고 깊은 갈등의 골을 만든다는 점이다. 이렇기에 도올과 같이 사회통념을 깨는 대담한 주장을 하는 사람은 적을 수밖에 없다. 아니, 있다 하더라도 이들의 용기는 곧 의기소침으로 바뀌기 십상이다.

나는 얼마 전 도올의 책 〈도마복음한글역주〉를 읽다가 이런 대목을 발견하고 한동안 생각에 잠긴 적이 있다.

> (...)내가 사는 집 근처에도 무슨 대학선교단체가 있는데 성경을 끼고 우리 집 앞을 지나다니는 젊은이들이 나에게 부드럽게 인사 한 번 하는 것을 보지 못했다. 내가 인사를 건넬 눈길조차 주질 않는다. 도대체 이게 웬일까? 나도 한때 신학대학을 다닌 사람이요, 목사 후보가 되었던 사람이요, 가산을 탕진해서 다 교회에 바친 집안의 자식이다. 그리고 그들이 신주처럼 모시는 성경에 관해 이 세상 어느 누구보다도 지식이 많은 사람 중의 한 사람이다. 도대체 내가 언제 이토록 회피와 기피의 대상이 되는 '왕마귀'가 되었는가.
> (《도마복음한글역주 3》, 22)

천하의 도올도 우리의 소위 정통 기독교인들에게는 '왕마귀'로 인식된다는 것을 스스로 인정한 말이다. 이 말에서 나는 도올의 크나큰 한(恨)을 읽는다. 왜 한국의 기독교는 도올의 주장을 들으려

하지 않고, 단지 사탄의 음성으로 치부하며 귀를 막는가. 도대체 정통은 무엇이고 이단은 무엇인가. 그리고 누가, 무엇으로 그것을 판별할 수 있을까. 많은 사람들이 생각하는 것과 다른 생각을 말하면 정말 안 되는 것인가. 사람마다 다른 생각을 할 수 있는 것인데 왜 사회는 그것을 막는다는 말인가. '다른 생각'을 가진 사람들이 '다른 이야기'를 해도, 그럴 수 있다고 하면서 너그럽게 받아들이는 사회는 과연 꿈속에만 존재하는가.

그래도 하나는 다행스럽다. 도올이 그런 말을 하고 다닌다 해도 지금 이 땅이 그를 잡아다 주리를 트는 야만의 시대는 넘어섰다는 것이다. 설혹 그가 마음의 상처는 크게 받겠지만 중세 유럽에서 빚어진 이단 소동을 생각하면 얼마나 다행스러운 일인가. 도올이 만일 그 시대에 그런 말을 했다면 광화문 광장에서 능지처참을 면치 못 했을 테니 말이다.

〈사상의 자유의 역사〉에 대하여

이런 생각을 하다 보니 한 권의 책이 생각난다. 존 B. 베리가 쓴 〈사상의 자유의 역사〉(박홍규 옮김)이다. 이 책은 지금으로부터 거의 한 세기 전인 1914년 영국에서 출판되었다. 이 책은 기본적으로 사상의 자유라는 주제를 서양의 종교의 자유라는 관점에서 개관한 학술적인 성격의 책이다.

이 책은 주로 지난 2,000년 동안 서양에서 기독교의 교리와 주장을 의심하라고 주장한 사상가들의 이야기를 다루고 있다. 서양사에서 사상의 자유를 쟁취하기 위해 기성의 권위와 맞서 싸웠던 많은 사상가가 등장한다. 소크라테스, 갈릴레이 갈릴레오, 코페르니쿠스, 조르다노 부로노, 스피노자, 볼테르, 장 자크 루소, 로저 베이컨, 존 로크, 제임스 밀, 토머스 페인, 프란시스코 페레르 등과 우리에게 익숙하지 않은 수많은 이성의 신봉자들이 종교적 권위와 세속의 권력에 맞서 자신의 신념을 굽히지 않고 인간의 이성 해방을 위해 싸웠다. 물론 그들 중 많은 이가 이단으로 처벌받거나 자신이 속한 공동체에서 추방되었다. 하지만 그들의 헌신적인 노력 덕분에 20세기의 인류는 가장 소중한 사상의 자유를 확보하게 되었다고 베리는 말한다.

이 책은 우리나라가 권위주의와 독재로 사상과 양심의 자유 그리고 표현의 자유가 극도로 제약되었을 때 지식인들에게 영감을 주었다. 1970-1980년대 젊은이의 사상의 은사였던 리영희 선생은 교도소에서 이 책을 읽었다고 한다. 선생은 1970년대 말 광주교도소에서 사상범으로 복역하면서 사상의 자유에 대한 신념을 이 책을 통해 더욱 갖게 되었다. 그분에게 있어 사상의 자유를 막는 권력의 이념은 중세의 종교적 권위와 다를 바가 없었으며, 그것은 또 하나의 우상에 불과한 것이었다.

이 책을 번역한 박홍규 교수도 대학 시절인 1970년대 초 유신헌법 하의 살벌한 긴급조치 속에서 이 책을 읽었다고 한다. 그는 이 책의 서문에서 당시 이 책을 만난 감상을 이렇게 회상한다.

> 민주주의와 인권, 정의, 사상의 자유, 언론의 자유, 학문의 자유 같은 이단의 언어들은 사전 속 활자로만 존재할 뿐 어디에서도 찾을 수 없는, 숨조차 쉬기 힘든 질식할 것 같은 분위기 속에 이 책은 나에게 사상의 오아시스이자 사상의 자유를 고뇌하는 근거가 되었다. (10)

이처럼 이 책은 인간의 기본적 자유가 부인되던 권위주의 시대를 살아온 우리의 지식인들에게 역사의 희망을 간직할 수 있게 해주는 데 일정한 역할을 한 책이다. 나는 이 책에서 말하는 자유의 역사는 인류의 역사가 지속하는 한 영원하다고 생각한다. 어떤 시대에서도 인간의 자유는 제한될 수 있으므로 그것을 쟁취하기 위한 인간의 노력은 계속될 수밖에 없기 때문이다.

그것은 우리의 자유의 역사를 보아도 명확하다. 권위주의 시대를 마감하고 민주정권이 들어서면 자유를 위한 투쟁도 끝이 날 것으로 생각했지만 지난 세월을 돌아보면 자유란 한 번 얻어졌다고 영원히 계속되는 것은 아니다. 진보정권 이후 보수정권이 들어서자 일련의 보수화 물결이 불어닥쳐 인권의 위축을 가져왔고 우리의 사상과 표현의 자유에 심각한 위험 신호를 보낸 바 있다. 그런 면에서 이 책을 읽으면서 사상의 자유가 어떤 과정을 통해 서구사에서 정착했는지를 알아보는 것은 우리에게 있어서는 말 그대로 반면교사라 생각한다.

유혈의 호수에 가로놓인 사상의 역사

베리가 보건대 세상의 역사—비록 서구의 역사이지만—를 사상사적인 면에서 보면 사상의 자유는 당연한 권리가 아니다. 아니, 당연한 권리가 될 수가 없다. 사람들은 사상의 자유를 당연한 것으로 알지만 그 권리는 무수한 투쟁을 통해 얻은 것이지 그냥 얻어진 것이 아니다. 민주주의는 피를 먹고 자란다고 하지만 사상의 자유야말로 유혈 낭자한 전장 터 한가운데서 피어난 장미꽃과 같은 것이다. 베리는 이렇게 말한다.

> 사상의 자유가 어떤 식으로든 가치 있으려면 그것은 언론의 자유를 포함해야 한다. (...)우리는 언론의 자유에 너무 익숙

> 해져 그것을 하나의 당연한 권리로 간주한다. 그러나 이 권리는 아주 최근에야 획득되었으며 그것을 얻은 데 이르는 길에는 유혈의 호수들이 가로놓여 있었다. (20-21)

왜 우리가 이런 사상의 자유, 언론의 자유를 얻는 데 유혈의 강을 건너야 했는가. 그것은 사회가 가지고 있는 사상의 보수성에서 찾아야 한다. 어떤 사회든지 그 사회가 가지고 있는 주류적 사고는 그 사회의 기본질서를 형성한다. 따라서 이 기본질서에 사람들이 역행하면 그 반응은 냉담하다. 아니 냉담을 넘어 죄로 단죄한다.

> 인간사회는 일반적으로 사상의 자유, 또는 달리 말해 새로운 생각에 반대해왔다. (...)평균적인 두뇌는 본래 게으르며, 가장 저항이 적은 노선을 취하려는 경향이 있다. (...)보통 사람들은 이 친숙한 세계의 기성질서를 뒤집는 것에 대해 본능적으로 적대적이다. (...)보통 사람들에게 기존의 믿음과 제도에 의문을 던지는 새로운 생각과 의견은 사악한 것으로 보인다. (20)

종교적 권위에 대항하는 이성

인류 역사에서 인간이 만든 권위는 크게 두 가지가 있다. 하나는 증명이 가능한 권위다. 만일 어느 역사 선생님이 세종대왕의 한글 창제에 관해 이야기하고 그것을 학생들이 믿는다면 그것 역시 선생님의 말씀이라는 권위에 존중하는 것이다. 다만 이 같은 권위는 그것이 의심될 때 언제라도 증명할 수 있고, 만일 그것이 거짓으로 판명되는 순간 그 권위는 무너진다.

또 다른 하나는 증명될 수 없는 권위이다. 종교적 권위가 이것을 대표한다. 예수가 신의 아들이라고 하는 것은 기독교의 교리이다. 그러나 이것은 누구도 증명할 수 없음에도 신자 사이에서는 당연한 것으로 인식된다. 믿는다는 것은 보이지 않는 것의 실상이라는 기독교의 교의가 여기에서는 의심의 여지 없이 받아들여져야 한다.

> 일반인의 사상은 확인될 수 있는 사실만이 아니라 권위에 의지하여 받아들였으나 확인도 증명도 불가능한 믿음과 의견들도 포함한다. (…)삼위일체에 대한 믿음은 교회의 권위에 의존하는 것으로서(…)우리가 삼위일체를 받아들인다면 그것은 우리가 그 권위에 대한 맹목적인 신념을 가지고 있어서 비록 증명이 불가능할지라도 그 권위가 주장하는 바를

신뢰하기 때문이다. (26)

사상의 자유 역사에서 항상 문제가 된 것은 후자의 권위, 곧 종교의 권위와 관련되었다. 증명될 수 없는 교의를 내세우고 그것을 믿어야 한다는 것은 이성을 가진 사람들의 마음속에 많은 회의를 불러일으킨다. 그래서 그것에 이의를 제기하는 경우가 생긴다. 그 경우 기존의 종교는 그에게 관용을 베풀지 않는다. 만일 어느 사람이 예수를 신의 아들이 아닌, 사람의 아들이라고 말했다 하자. 교회는 그를 어떻게 대했던가. 처음에는 그런 믿음을 바꾸라고 설득하겠지만, 그것이 통하지 않으면 물리적 폭력을 행사하였다.

종교는 본질에서 보수적이다. 종교가 하나의 교리로 정립하면 그것은 여간해서는 바뀌지 않는다. 따라서 사상의 역사에서 종교와의 갈등은 필연이다. 이성을 가진 자는 반드시 종교의 교의와 충돌을 일으키게 된다. 이때 종교는 그것을 포용하기보다는 이단으로 내몰고 급기야는 그의 생명까지도 거두려 한다. 베리는 이에 대해 이렇게 말한다.

> 보수적인 본능과 그 결과로서의 보수적인 교리는 미신에 의해 더욱 강화된다. 만일 사회구조―모든 관습 및 견해들을 포함하여―가 종교적 믿음과 긴밀히 결합되어 신의 보호를

받는 것으로 간주되면 사회질서에 대한 비판은 불경함의 혐의를 띠게 되고, 종교적 믿음에 대한 비판은 초자연적 권력의 분노를 직접적으로 도발하는 것이 된다. (21)

이성의 역사로서의 인류 역사

그러나 베리는 종교적 권위가 아무리 강고해도 그것에 도전하는 이성을 결코 잠재우지 못한다고 역설한다. 그것이 바로 세상의 역사이고, 사상의 역사에서 가장 핵심이라는 것이다. 중세를 생각해 보라. 그 종교적 권위가 얼마나 대단했는가. 말 한번 잘못하면 화형을 면치 못했다. 종교적 권위는 물리적이고 도덕적인 폭력을 행사했고, 법적으로 강제했으며, 사회적 비난을 무기로 삼아 이성을 공격했다.

그런데도 이성은 유일한 무기인 논증을 기초로 그런 압제 속에서도 조금씩 피어나기 시작했다. 인간은 종교라는 인간의 통제를 벗어나는 상황에 의해 크게 제약되었지만, 인간은 자신의 이성을 신뢰하기 시작했고 그것은 습관과 제도를 조금씩 바꾸어 나갔다. 그리하여 새로운 문명, 사람의 생각하는 자유와 그것을 표현하는 자유가 있음을 인정하기에 이르렀다. 베리는 이러한 자유를 인정하는 과정에서 제한 없는 토론의 자유가 중요했음을 강조한다.

만일 문명의 역사가 가르쳐주는 교훈이 있다면 그것은 다음과 같을 것이다. 순전히 인간의 능력 범위 내에서 확보될 수 있는 정신적·도덕적 진보의 최고 조건이 있다. 그것은 바로 사상과 토론의 완전한 자유이다. (265)

나는 의심한다, 고로 존재한다

동서고금을 통해 인간사회가 발전해왔다면 그 원동력이 무엇일까. 적어도 사상사적인 측면에서 말한다면 '이성에 의한 회의'라고 말할 수 있다. 즉, 권위에 의심하고 도전하는 것이다. 내 앞에 던져진 권위에 대해 그것을 무조건 받아들이는 것이 아니라 이성에 의해 의심해보는 인간들이 새로운 문명을 만들어 오늘에 이르렀다는 말이다.

베리는 책 말미에 "너의 부모를 믿지 말라"라는 말을 한다. 잘못 들으면 망측한 말로 들릴 것이다. 효를 도덕의 근본으로 하는 문화에서 이 같은 말이 어떻게 나올 수 있단 말인가. 그러나 베리의 말을 잘 음미해 보자. 그것은 권위에 맹목으로 복종하지 말라는 말이다. 어떤 권위라도 의심할 수 있어야 하고, 때로는 그것에 도전하는 자세가 필요하다는 것이다. 그것이 바로 이성을 가진 사람의 바른 자세다. 그러니 나는 "너의 부모를 믿지 말라"는 말을 이렇게 바꾸어 말하고자 한다. "나는 의심한다, 고로 존재한다."

한국의 사상의 자유, 국보법의 운명을 말할 때이다

〈사상의 자유의 역사〉를 읽으면서 우리 상황을 생각하면 그 내용이 조금은 부족하다는 생각이 든다. 이 책은 주로 서구의 종교의 자유와 관련된 사상의 자유를 이야기하기 때문에 우리가 경험한 사상의 자유와는 거리가 있다. 해방 후 반세기 이상 우리 사회의 사상의 자유는 종교의 자유보다는 주로 정치 이념과 관련된 것이기 때문이다.

지난 반세기 동안 우리의 사상의 자유는 국가보안법에 의해 적지 않게 부인되었다. 정권마다 약간의 차이는 있지만 우리는 아직도 문명국가에서 누리는 완전한 사상의 자유를 누리지 못하고 있다. 국가보안법 제7조를 보라. "국가의 존립·안전이나 자유민주적 기본질서를 위태롭게 한다는 정을 알면서 반국가단체(...)의 활동을 찬양·고무·선전 또는 이에 동조(...)한 자는 7년 이하의 징역에 처한다."

이 조항은 우리의 사상의 자유를 근본적으로 옥죄는 법이라는 권위의 4번 타자이다. 이 법을 잘못 사용하면 정권에 대항하는 사람들을 얼마든지 북한 정권과 동일시하여 감옥에 넣을 수 있다. 그러니 우리는 함부로 말을 해서는 안 된다. 자칫 말 한마디가 치명적일 수 있으니 말이다.

국가보안법 주요 조항

제6조(잠입·탈출)

① 국가의 존립·안전이나 자유민주적 기본질서를 위태롭게 한다는 정을 알면서 반국가단체의 지배하에 있는 지역으로부터 잠입하거나 그 지역으로 탈출한 자는 10년 이하의 징역에 처한다.〈개정 1991.5.31〉

② 반국가단체나 그 구성원의 지령을 받거나 받기 위해 또는 그 목적수행을 협의하거나 협의하기 위해 잠입하거나 탈출한 자는 사형·무기 또는 5년 이상의 징역에 처한다.

제7조(찬양·고무 등)

① 국가의 존립·안전이나 자유민주적 기본질서를 위태롭게 한다는 정을 알면서 반국가단체나 그 구성원 또는 그 지령을 받은 자의 활동을 찬양·고무·선전 또는 이에 동조하거나 국가변란을 선전·선동한 자는 7년 이하의 징역에 처한다.〈개정 1991. 5.31〉

③ 제1항의 행위를 목적으로 하는 단체를 구성하거나 이에 가입한 자는 1년 이상의 유기징역에 처한다.〈개정 1991.5.31〉

④ 제3항에 규정된 단체의 구성원으로서 사회질서의 혼란을 조성할 우려

가 있는 사항에 관해 허위사실을 날조하거나 유포한 자는 2년 이상의 유기징역에 처한다. 〈개정 1991.5.31〉

⑤ 제1항·제3항 또는 제4항의 행위를 할 목적으로 문서·도화 기타의 표현물을 제작·수입·복사·소지·운반·반포·판매 또는 취득한 자는 그 각항에 정한 형에 처한다. 〈개정 1991.5.31〉

⑥ 제1항 또는 제3항 내지 제5항의 미수범은 처벌한다. 〈개정 1991.5.31〉

⑦ 제3항의 죄를 범할 목적으로 예비 또는 음모한 자는 5년 이하의 징역에 처한다. 〈개정 1991.5.31〉

제8조(회합·통신 등)

① 국가의 존립·안전이나 자유민주적 기본질서를 위태롭게 한다는 정을 알면서 반국가단체의 구성원 또는 그 지령을 받은 자와 회합·통신 기타의 방법으로 연락을 한 자는 10년 이하의 징역에 처한다. 〈개정 1991.5.31〉

(...)

③ 제1항의 미수범은 처벌한다. 〈개정 1991.5.31〉

제9조(편의제공)

① 이 법 제3조 내지 제8조의 죄를 범하거나 범하려는 자라는 정을 알면서 총포·탄약·화약 기타 무기를 제공한 자는 5년 이상의 유기징역에 처한다. 〈개정 1991.5.31〉

② 이 법 제3조 내지 제8조의 죄를 범하거나 범하려는 자라는 정을 알면서

금품 기타 재산상의 이익을 제공하거나 잠복·회합·통신·연락을 위한 장소를 제공하거나 기타의 방법으로 편의를 제공한 자는 10년 이하의 징역에 처한다. 다만, 본범과 친족관계가 있는 때에는 그 형을 감경 또는 면제할 수 있다.〈개정 1991.5.31〉
③ 제1항 및 제2항의 미수범은 처벌한다.
④ 제1항의 죄를 범할 목적으로 예비 또는 음모한 자는 1년 이상의 유기징역에 처한다.

지금 세상이 태평성대인 것 같아도 우리는 언제든지 사상범이 될 수 있는 시대에 살고 있음을 알아야 한다. 지금도 국보법 사건은 여전히 존재하고 시국 상황에 따라서는 그 증감이 춤을 춘다. 그리고 그들 사건도 내용을 따지고 보면 여전히 절반 이상은 국보법 제7조 위반 사건이다.

국보법은 이 땅에 사는 사람들이 북한이 제시하는 어떤 정책도 동의할 수 없게 만든다. 아니 그것 이상으로 북한에 대해서는 적대적으로 생각하고, 적대적으로 표현해야 이 사회의 건전한 구성원으로 인정받을 수 있다. 국보법 적용의 역사를 보면 어떤 사람의 주장이 결과적으로 북한의 주의·주장과 같은 경우도 북한을 찬양·고무하는 자로, 혹은 동조하는 자로 평가되었다. 우리가 남북한과 관련된 말을 하고자 한다면 북한의 주의·주장을 전부 찾아보고, 북한이 말하지 않은 것만을 골라 말해야 한다. 그렇지 않으면 언제든지 감옥에 갈 것을 각오해야 한다.

서구는 1,000년 이상 종교적 권위에 이성이 도전했다. 그러나 우리는 근세사에 들어 국가권력이 만든 권위에 도전하는 이성의 역사를 경험하고 있다. 비록 그 내용은 다르나 본질은 다를 수 없다. 종교는 도전하는 이성을 이단시하면서 폭력으로 대응했으나 결국 이성의 도전을 받아들이지 않을 수 없었다. 서구 사회의 사상의 자유, 표현의 자유, 집회 결사의 자유는 모두 이성의 도전에서 얻어낸 결과가 아닌가.

대한민국도 필시 그런 역사를 걸어가고 있다고 나는 믿는다. 국가 권력이 아무리 국보법을 무기로 사상의 자유를 제한한다 해도 결국 이성의 도전에는 굴복하지 않을 수 없을 것이다. 비록 완전한 자유를 쟁취하는 것이 힘들고, 오랜 시간이 걸린다 하더라도, 그 자유를 쟁취하는 과정을 정지시킬 수는 없을 것이다. 지난 반세기 우리의 역사가 그것을 증명하지 않았는가. 땅에 떨어진 국보법의 현주소가 바로 그것을 말해주지 않는가. 이 땅의 사상의 자유를 위해 국보법의 운명, 이제 정말로 진지하게 생각할 때이다.

인권고전강독 6

누구도 내 생각의 자유를 죽일 수 없다
-슈테판 츠바이크의 〈다른 의견을 가질 권리〉-

"(…)권력자들이 자유정신의 입을 틀어막고서 자신이 이겼다고 생각해도 아무 소용이 없다. 새로운 인간이 태어나는 것과 더불어 새로운 양심이 태어나기 때문이다."(본문 명저)

창밖을 내다보니 제법 빗줄기가 굵다. 나는 이 소리를 좋아한다. 빗소리를 들으며 책장을 넘긴다. 오래전 읽은 것이기에 이미 곳곳에 밑줄이 쳐져 있다. 20 세기 최고의 전기 작가 슈테판 츠바이크의 〈다른 의견을 가질 권리〉(안인희 옮김)이다.

독재자 칼뱅

기독교 개신교 역사에서 루터 다음으로 유명한 사람이 칼뱅(1509-1564)이다. 그가 없었다면 루터에 의해 시작된 종교개혁은 미완으로 끝나 개신교는 지금과는 사뭇 다른 모습이었을 것이다. 교리적으로 볼 때 장로교가 득세한 우리나라도 칼뱅의 영향력은 지대하다. 내 책장에도 그의 책 〈기독교강요〉가 광채를 발하고 있을 정도니 말이다.

이렇듯 칼뱅은 개신교의 영웅이지만 그가 철저한 독재자였다는 사실을 아는 이는 별로 없다. 그가 지배한 16세기의 제네바는 실로 암흑의 도시였다. 종교의 자유는커녕 모든 시민은 새로운 지배자의 종교적 신념에 의해 모든 것이 금지된 상태로 살아가지 않으면 안 되었다. 36세에 홀몸이 된 남자는 그것으로 결혼은 물론 여자와의 관계도 영원히 끝난 것이라 여겼다. 죽을 때까지 건장한 남자로서 20년을 더 살면서 이 자발적인 금욕주의자는 다시는 여자를 건드리지 않고 오직 정신적인 것, 종교적인 것, 그리고 가르침에만 몰두했다.

제네바의 모든 권력은 칼뱅의 수중에 있었다. 교회, 관청, 시당국, 종교국, 대학, 재판소 모든 곳에서 그의 가르침은 법이었다. 그가 누군가에 대해 반대하는 듯한 눈치만 보여도 상대는 곧바로 감옥에 가거나 추방되었고 운이 없을 경우엔 화형장 장작더미 위에 올라가지 않으면 안 되었다.

칼뱅에 따르면 교회는 모든 인간에게 절대적인 복종을 강요할 권리뿐만 아니라 의무를 가지며, 단순히 열의가 없다는 사실만으로도 벌을 내릴 수 있다고 했다. 이런 생각에 따라 제네바에선 어떤 형태의 자유도 끝나고 말았다. 이제 단 하나의 의지가 모든 사람의 의지 위에 놓이게 된 것이다. 그 단 하나의 의지는 칼뱅의 생각이었다. 그는 일생 동안 한 순간도 자기만이 하나님의 말씀을 해석할 권리, 자기만이 진리를 알 권리를 가지고 있다는 생각을 의심해 본 적이 없는 인물이었다.

칼뱅은 루터가 선언한 '기독교도의 자유'(성서의 해석은 이제 더 이상 교회의 전권에 속하지 않는다)라는 이념을 다른 모든 형식의 정신적 자유처럼 사람들에게서 가차 없이 빼앗아버렸다. 그것뿐만이 아니다. 그는 사람들의 모든 즐거움도 빼앗아버렸다. 연극, 오락, 축제, 춤 등 온갖 유희가 금지되었다. 장신구가 달린 옷은 금지되었고 오로지 수도사 같은 의상 외에는 입을 수 없었다. 붉은 포도주 외의 포도주를 마시는 것은 금지되었고, 세례식과 약혼식에서 일정한 가짓수 이상의 요리나 설탕 들어간 음식물의 제공이 금지되었다. 모든 게 금지 또 금지되었다.

제네바 시민들에게 허락된 것은 오로지 살고 죽는 일, 일하고 복종하고 교회에 나가는 일만이 허락되었다. 칼뱅이 통치한 처음 5년 동안 제네바에선 35명이 교수대에 매달리고, 10명의 목이 잘리고, 35명이 화형당하고, 76명이 추방당했다.

칼뱅에 맞선 세바스티안 카스틸리오

이 상황에서 그 누구도 서슬 푸른 칼뱅 앞으로 나서지 못했다. 일세를 풍미했던 당대 최고의 인문주의자이자 자유로운 영혼 에라스무스는 은둔처에서 가끔 비난의 화살을 날려 보냈다. 프랑스의 작가 라블레는 어릿광대의 의상을 입고서 익살스럽고 풍자적인 걸작을 냈다. 철학자 몽테뉴는 세기의 에세이 〈수상록〉에서 현자의 능변을 토해냈다. 하지만 어느 누구도 이 광기의 폭군에 대해 진지하게 공격하지 못했다. 칼뱅의 뒤에는 수천수만의 사람들이 있고 국가 공권력까지 가세하고 있는데, 어떻게 아무런 무장도 하지 않은 개인이 칼뱅을 공격해서 이길 수 있었겠는가.

하지만 가장 순수한 진리라 해도 폭력으로 그것을 남에게 강요한다면 그것 자체로 죄악이며, 그것 또한 진리다. 칼뱅의 독재는 하느님의 말씀을 빙자한 폭력이었다. 누군가가 나타나 저 폭주하는 열차를 막아 세워야 한다. 저 무자비한 폭력 앞에 나아가 '당신이 틀렸소'라고 말해야 한다. 그것이 또 다른 하느님의 역사다.

이 역사적 임무를 세바스티안 카스텔리오(1515-1563)가 맡게 된다. 그만이 유일하게 칼뱅 앞으로 나아가는 비극적 운명을 순순히 받아들였다. 그는 박해받는 사람들을 위해 감히 입을 열었고, 그로 말미암아 목숨을 걸었다. 그는 칼뱅에 의해 화형을 당한 세베르투스에 대해 죄 없이 살해당한 사람이라고 불렀고 칼뱅의 온갖 궤변에 대해 불멸의 언어로 항거했다. 그것은 그의 말대로 '코끼리 앞의 모기'의 상황이었다.

> 한 인간을 불태워 죽인 일은 이념을 지킨 것이 아니라, 한 인간을 살해한 것이다! (227)

> 어느 누구도 강제로 유린해서는 안 된다! 강제는 인간을 더

낫게 만들지 못한다. 사람들에게 강요해서 믿음을 갖게 하려는 행동은, 영양가 있는 음식을 환자의 입에 억지로 쑤셔 넣는 사람의 행동과 똑 같이 소용없는 것이다. (228)

이 말을 하면서 그는 관용을 선언했고, 사상의 자유를 옹호했다. 바로 이 신념을 위해 그는 목숨을 걸었던 것이다. 이러한 카스텔리오의 목숨 건 행동은 후일 볼테르의 관용으로, 에밀 졸라의 드레퓌스 옹호로 나타났지만, 그들의 행위와는 비교할 수 없는 일이었다. 볼테르가 살던 시대, 에밀 졸라가 살던 시대가 어떻게 칼뱅의 신정정치 하에 지배되던 제네바와 같다고 할 수 있을 것인가. 볼테르도, 에밀 졸라도 목숨을 걸면서까지 관용을 이야기한 것은 아니지 않는가.

슈테판 츠바이크의 〈다른 의견을 가질 권리〉

400년 후 카스텔리오를 세상에 끌어낸 사람이 바로 독일의 전기 작가 슈테판 츠바이크다. 그는 히틀러가 독재의 길을 걸어갈 때인 1935년 경 칼뱅의 독재에 반대했던 카스텔리오의 이야기를 〈다른 의견을 가질 권리〉란 이름의 책으로 냈다. 어쩜 츠바이크는 이 책을 쓰면서 자신이 마치 카스텔리오라는 기분으로 썼을 지도 모른다. 히틀러는 새로운 칼뱅이었기 때문이다.

이 책 마지막이 내게 큰 울림으로 다가온다.

(...)권력자들이 자유정신의 입을 틀어막고서 자신이 이겼다고 생각해도 아무 소용이 없다. 새로운 인간이 태어나는 것과 더불어 새로운 양심이 태어나기 때문이다. 그리고 언제나 누군가는 인류와 인간성의 양도할 수 없는 권리를 위한 싸움을 떠맡아야 한다는 정신적인 의무를 생각하게 될 것이다. 그리고 언제든 모든 칼뱅에 맞서 어떤 카스텔리오가 다시 나타나서 폭력의 모든 폭행에 맞서 사상의 독자성을 옹호하게 될 것이다. (288)

어떤 시대에도 칼뱅이 나타날 수 있다. 그러면 그에 맞서는 자, 카스텔리오가 나타나야 한다. 그게 인류가 살아온 길이다. 그것은 내가 사는 이곳 대한민국 아니 저 북녘 땅에도 마찬가지다. 문제는 누가 카스텔리오가 되느냐이다.

인권고전강독 7

보수의 위기, 대한민국의 위기

-러셀 커크의 〈보수의 정신〉-

"보수주의를 굳이 몇 마디로 요약하자면 인간은 대단히 불완전한 존재여서, 지상낙원이나 천국을 지구상에서 구원할 방법이 없으니 조금씩 노력해 더 나은 사회를 이루도록 최선을 다하자는 생각이다."(본문 명저)

대한민국 보수의 위기

우리나라는 언제부터인지 선거철만 되면 보수와 진보의 각축장이 된다. 보수를 표방하는 측은 그런 대결구도가 표 받는 데에 유리할 것으로 생각해, 말끝마다 죽어가는 보수를 살려달라고 외친다. 하지만 촛불혁명을 경험한 우리 국민은 이제 그런 선거구호에 현혹되지 않을 것이다. 많은 사람들은 대한민국엔 제대로 된 보수는 없다고 생각한다. 나도 기회가 있을 때마다 우리나라 정치판의 보수에 대해, 보수를 가장한 파렴치한이 많다고 하면서, 보수가 살기 위해서도 진짜 보수가 나서야 할 때라고 말한 바 있다.

내가 사실 이 문제에 관심을 갖는 것은 이 보수의 문제가 인권 문제와 직결되기 때문이다. 앞의 존 베리의 〈사상의 자유의 역사〉에서 말했다시피 사상의 자유는 정치이념과도 밀접하게 관련이 있다. 특히 소극적 자유는 그 역사적 연원이 보수 이념과 관련이 있는 것이므로 이에 대한 이해가 필요하다. 그런 이유로 이 장은 진짜 보수가 무엇인지를 알아보면서 그것과 인권의 관련성을 생각해 보고자 한다.

한 사회가 현재보다 나은 사회를 이루기 위해 추구하는 방법론엔 두 가지가 있다. 하나는 요란한 소리를 내면서 한꺼번에 모든 것을 바꾸려는 급진적 방법이고, 또 하나는 과거의 관행을 존중하며 조용하고 질서 있는 변화를 추구하는 점진적 방법이다. 보수(주의자)는 이 중에서 후자를 몸에 익힌 사람들이다. 이런 사람들이 대한민국에 없겠는가. 어느 사회고 보수와 진보가 적절하게 논쟁할 때 그 사회는 건강하다. 보수가 없다면 사실 보수만의 위기가 아니라 그 사회 전체의 위기다. 진짜 보수가 나타나지 않을 때 대한민국은 위태롭다는 말이다.

위대한 책 〈보수의 정신〉 탄생

서구사회를 여행하다보면 어딜 가도 전통을 중시하는 게 눈에 들어온다. 21세기에 살지만 그들 도시엔 수 세기 전에 만들어진 고색창연한 건물이 시내 한 가운데 당당히 살아 있다. 우리에겐 새로운 것이 아름답지만 그들에겐 오래된 게 아름답다. 전통과 역사 그리고 관행을 존중하는 게 보수주의의 기본이라면 서구사회는 역시 보수가 지배하는 세상이다. 이것은 신세계 미국도 마찬가지다. 번화한 뉴욕거리만 보지 말고 광대한 땅 이곳저곳을 돌아보면 그곳도 유럽 못지않게 전통이 지배하는 사회임을 대번에 알 수 있다. 미국인의 뇌세포엔 보수의 DNA가 들어 있음이 분명하다.

미국의 보수와 진보를 극명하게 보여주는 게 미국 대법원이다. 지난 200년 역사 속에서 대법원은 미국 사회의 보수와 진보의 물결을 스스로 웅변적으로 보여주었다. 대법관 9명은 보수주의자와 진보주의자의 절묘한 조합을 이루며 지혜의 기둥 역할을 해 왔다. 시류에 휘둘리지 않고 그 생각을 유지해온 게 놀랍다. 대법원 역사에서 역시 주류는 보수주의였다. 그것이 오랜 세월 판례의 일관성을 가능케 한 힘이었다.

　　2차 세계 대전 이후 미국을 중심으로 한 서구 사회의 사상의 흐름을 연구한 한 역사학자가 있었다. 30대 초반의 야심적인 이 남자는 그 흐름에서 보수의 물결을 찾아내고 거기에 생명력을 불어넣었다. 그는 프랑스 혁명 이후 150여 년간 나타난 정치사상가나 정치인들의 말을 인용해, 보수주의와 보수주의자가 무엇인지 정의했다. 그는 보수주의자들이 어떻게 사회적 질서 원칙을 이해하는지를 말함으로써 '보수의 정신' 핵심에 접근했다. 그는 이 작업으로 박사학위를 받았고 후일 그 논문이 한 권의 책으로 세상에 나왔다. 1953년의 일이다.

　　그 후 이 책은 미국 보수주의에 그 이름을 붙여주었다는 평가와 함께 보수주의 세계관을 하나의 철학으로 인식시키는 데 성공했다. 미국의 정책과 보수주의 사상에 결정적인 영향을 미쳤다는 평가까지 받는다. 오늘날도 공적 영역의 논의와 토론에서 이 책은 보수주의에 관한 20세기 최고의 명저로서의 권위를 잃지 않고 있다. 러셀 커크(1918-1994)가 쓴 〈보수의 정신〉(원제, The Conservative Mind)이다.

미국과 서구사회를 이해함에 있어 불가결한 이 책이 출판된 지 65년 만에 대한민국에 상륙했다. 만시지탄이란 말은 이런 때에 쓰는 말이렷다. 책이 나왔다는 소리를 듣자마자 구입해 책장을 넘겼지만 800쪽이 넘는 대작이 주는 포스가 대단하다. 몇 밤을 새워서라도 서구 보수주의의 핵심에 접근해 보겠다는 각오가 없다면 읽기 힘든 책이다. 그나마 번역서로서는 보기 힘든 유려한 문장이니 독서의 속도가 그리 느리진 않아 다행이다. 번역을 담당한 월간중앙 이재학 기자의 노고에 박수를 보내지 않을 수 없다.

이제 마지막 장을 넘기고 자판을 두드린다. 뭔가를 정리하지 않으면 안 되는 시간이다. 대작이라도 잠시만 지나면 망각해 버리는 머리의 한계를 극복하는 길은 책의 정수를 간단하게라도 메모해 두지 않으면 안 된다. 나는 그것을 나의 친구들과 나눌 것이다. 내가 살아가는 재미가 거기에 있으니.

보수란 특정 이념이 아니다

대한민국에서 보수가 태극기 부대로 오해를 받다보니 요즘 젊은 세대에겐 보수란 독재나 재벌의 이해를 대변하는 사상이나 이념으로 비칠지 모른다. 그러나 보수 혹은 보수주의는 그런 게 아니다. 보수는 어떤 일관된 논리 체계가 있는 이념이 아니다. 이 책을 번역한 이재학 기자는 책 전편에 흐르는 보수주의의 맥을 이렇게 잡아내고 있다. 우선 새겨둘 만한 이야기다.

> 보수주의를 굳이 몇 마디로 요약하자면 인간은 대단히 불완전한 존재여서, 지상 낙원이나 천국을 지구상에서 구현할 방법이 없으니 조금씩 노력해 더 나은 사회를 이루도록 최선을 다하자는 생각이다. 동시에 이 지구는 조상들이 살았고 후손이 살아 갈 곳이니 지금 우리가 처음이자 마지막으로 사는 땅인 듯 마음대로 행동하지 말고 충분히 겸손해야 한다고 요구한다. (44-45)

이 말은 저자 러셀 커크가 책 서문에서 밝힌 보수주의의 의미와도 통한다.

> 보수주의는 고정불변한 교리의 묶음이 아니다. 보수주의자는 시대에 맞게 보수주의를 새롭게 표현해내는 재주를 (영국

의 사상가 에드먼드) 버크로부터 물려받았다. 그럼에도 실천적인 관점에서 사회적 보수주의의 핵심은 인류의 오랜 도덕적 전통을 보호하는 데 있다고 말할 수 있다. 보수주의자들은 조상들의 지혜를 존중한다. 보수주의자들은 전면적인 개조와 변화를 의심스러워한다. 보수주의자들은 사회가 영생하며, 섬세한 법률 체계를 지닌 영혼이 있는 실체라고 생각한다. (64)

보수주의자들은 모든 형태의 이데올로기를 혐오한다. 추상적이고 엄격한 일련의 정치적 독단이 이데올로기이며, 그것은 신봉자들에게 지상의 낙원을 약속하는 '정치적 종교'다. (...) 보수주의자들은 인간의 본성과 사회를 완벽하게 만들겠다는 그런 선험적 설계를 혐오한다. 왜냐하면 카페에서 떠드는 광신자들의 도구와 무기가 무엇인지 알기 때문이다. (25)

간단히 말해, 보수주의란 자본주의나 사회주의와 같은 특정 이념이 아닌 사람들이 갖는 여러 태도 또는 성향 중의 하나다. 보수주의자는 인간의 능력을 과신하지 않고 겸손하다. 인간의 한계를 인식하면서 전통을 중시하는 가운데 자신이 처한 환경을 천천히 변화시키려고 노력하는 사람들이다. 어느 사회나 존재할 수밖에 없는 인간 삶의 주요한 형태인 것이다. 이 글을 읽는 사람들도 잘 생각하면, 그 성향이 이럴지도 모른다. 그렇다면 당신의 피 속에도 보수의 피는 흐르고 있는 것이다.

서구 보수주의 시조 에드먼드 버크

서구 보수주의는 영국의 사상가 에드먼드 버크(1729-1797)에게서 시작했다고 보는 게 통설이다. 러셀 커크도 그것을 인정하고 보수주의의 역사를 그로부터 시작한다. 아일랜드 더블린 출신의 버크가 세상에 보수주의자로 이름을 날리게 된 것은 1789년 프랑스 대혁명 직후에 쓴 〈프랑스 혁명에 관한 고찰〉이란 책을 통해서다. 그는 이 책을 통해 프랑스 혁명을 격렬하게 비판했다. 혁신적인 변화와 급진적인 개혁은 기존 질서의 파괴와 혼란만을 초래할 뿐 실익이 없다는 생각에서였다.

저자가 버크의 보수주의를 관찰하고 내린 종합적인 평가는 이 한 단락에 담겨져 있다. 버크의 보수주의 핵심은 이런 것이었다.

> 버크는 그의 연설과 저작에서 문명화된 인간의 보편적 헌정체제를 상정했다. 버크의 주요 글은 다음과 같은 논지를 견지했다. 사회가 이뤄진 모습은 하늘이 그렇게 원했기 때문이라는 믿음, 개인이나 공공의 삶은 전통과 선입견에 따라 이

쉬져야 한다는 생각, 인간은 오직 신의 눈에서만 평등하다는 확신, 개인적 자유와 사유재산을 헌신적으로 지지하지만 교조주의적 변화에는 반대한다는 내용이다. (81)

이 책에는 나오지 않지만, 에드먼드 버크 이야기가 나왔으니, 한마디 안 할 수 없는 인물이 있다. 바로 토마스 페인(1737-1809)이다. 미국의 독립과정에서 사상적 토대를 제공한 인물이다. 그는 〈상식〉이란 팜플렛을 통해, 식민지 주민들의 권리를 확인한 다음, 미국이 공화국으로 독립해야 함을 촉구했다. 페인은 미국 독립 이후 프랑스 혁명에 대해서도 큰 관심을 갖고 그 현장에 뛰어들었다. 이때 버크와의 논쟁이 시작된다. 그는 프랑스 혁명을 지지할 것으로 기대했던 버크가 오히려 그것을 강력하게 비판하는 〈프랑스 혁명에 관한 고찰〉을 쓰자 반격에 나선다. 바로 〈인권〉이란 책을 통해서다. 페인이 버크에게 가하는 격정적인 비판은 이렇다.

나는 어떤 국가형태를 지지하거나 반대하기 위해 논쟁하는 것이 아니다. 어떤 당파를 지지하거나 반대하려는 것도 아니다. 전 국민이 선택한 일이라면 그렇게 할 권리가 있다. 그러나 버크 씨는 아니라고 한다. 그렇다면 그 권리는 어디에 있는가? 나는 산 자의 권리를 위해, 다시 말해 그들의 권리가 죽은 자의 권위에 기반한 문서에 의해 양도되고 제약되며 수축되는 것에 반대하여 다투고 있다. 반면 버크 씨는 산 자의 권리와 자유를 지배하는 죽은 자의 권위를 위해 다투고 있다. 왕이 임종 때 유언으로 왕위를 물려주고, 인민을 마치 들짐승처럼 그들이 지명한 후계자에게 무조건 예속시킨 시기도 있었다. 이제 이런 권위는 완전히 파멸되어 기억조차 되지 않을 정도이고, 너무 괴상하여 믿기조차 어렵다. 그런데 버크 씨가 자신의 정치적 교회를 세우는 기반인 의회의 법조문들은 바로 그런 경우와 똑 같은 본질을 가진다.
(《인권》토마스 페인(박홍규 옮김), 95-96)

세상의 상황은 계속해서 변하고, 인간의 생각도 변한다. 그리고 국가는 산 자를 위한 것이지 죽은 자를 위한 것이 아니므로 오직 산 자만이 그 안에서 권리를 가진다. 어떤 세대에서는 정당하다고 생각되고 유용하게 보이던 것이 다른 세대에 가서는 부당하다고 생각되고 무용하게 보일 수 있다. 이러한 경우에 누가 결정을 내려야 하는가? 산 자인가, 죽은 자인가? (《인권》토마스 페인(박홍규 옮김), 99)

보수주의란 무엇인가
-보수주의의 6가지 기둥과 10가지 원칙-

이 책에서 저자는 영국을 기점으로 출발한 보수주의가 미국에 상륙해 어떤 모습을 드러냈는가를 설명한다. 버크에서 시작해 시인 엘리엇에 이르는 수십 명의 논객들의 생각 속에 들어 있는 보수주의의 참모습을 어떻게 정리해 낼 수 있을까.

이 책에서 저자가 말하는 말하는 보수주의 핵심 사상은 두 군데에서 볼 수 있다. 책 첫 장인 '보수주의의 핵심기둥'과 말미 부록으로 제공하는 '보수의 10대 원칙'이란 부분이다. 저자가 제시하는 보수주의의 핵심기둥 6개는 뒤의 10대 원칙과 그대로 연결된다. 전자는 축소판이고 후자는 그 완결판이다. 먼저 저자가 말하는 보수주의 핵심기둥 6개를 보자.

1. 초월적 질서 또는 자연법 체계가 사회와 인간의 양심을 지배한다는 믿음

2. 협소한 획일성과 평등주의 그리고 모든 급진적 체계가 가진 공리주의적 목적이 아니라 다양성 확산과 인간 존재의 신비에 느끼는 애정

3. 문명화된 사회는 '계급없는 사회'가 아니라 질서와 계급
   을 요구한다는 확신

4. 자유와 재산은 밀접하게 연결된다는 신념

5. 법률과 규범을 믿고 추상적 설계에 따라 사회를 구성하
   려는 '궤변론자, 숫자로만 생각하는 사람과 경제학자'를
   불신함

6. 변화가 유익한 개혁이 아닐 수 있다는 인정
(65-66)

이 여섯 개의 기둥은 보수의 10가지 원칙으로 더욱 구체화되었다. 이제 이 부분을 자세하게 소개함으로써 800쪽 〈보수의 정신〉 핵심에 다가가 보자. 우선 보수주의에 대한 저자의 일성을 들을 필요가 있다.

보수주의는 이념이나 종교가 아니다. 보수주의의 교리를 제공해주는 성경, 이른바 '자본론'같은 건 없다. 따라서 보수주의자들이 무엇을 믿는지 알아보려면 지난 200년간 보수적인 저자들이나 공인들이 선언해온 내용에서 보수적 신조의

첫 번째 원칙들을 추출해야 한다.... 보수주의는 정신의 상태
며 문명사회의 질서를 보는 하나의 시각이다. 우리가 보수주
의라 부르는 태도는 이념적 교리 체계가 아니라 어떤 일군
의 정서로 이루어진다. (794)

**첫 번째 원칙: 보수주의자는 불변의 도덕적 질서가 존재한다고
믿는다.**

진보는 불변의 도덕적 원칙을 부정한다. 세상을 지배하는 원
칙은 변화하기 마련이다. 진보에겐 어제보다 오늘이, 오늘보다 내
일이 나은 사회라는 믿음이 있다. 변화는 그래서 해야 하는 것이다.
하지만 보수는 그것에 동의하지 않는다.

불변하는 도덕적 질서가 있다는 신념으로, 옳고 그름을 판
단하는 강한 의식으로, 정의와 명예를 소중하게 생각하는
개인적 확신으로 인간이 지배하는 사회는 어떤 정치적 기제
를 채택한다고 해도 매우 훌륭한 사회다. (796)

**두 번째 원칙: 보수주의자는 관습, 널리 오랫동안 합의된 지혜,
계속성을 중시한다.**

진보는 관습이나 전통도 어느 순간 불합리하다고 판단하면 깨부술 준비가 되어 있다. 하지만 보수주의자는 그렇게 생각하지 않는다.

> 보수주의자들은 관습, 널리 합의된 지혜, 계속성을 위해 싸우는 투사다. 왜냐하면 그들은 모르는 악마보다는 아는 악마를 선호하기 때문이다. 질서와 정의, 자유는 오랜 사회적 경험의 인공적 산물이며, 수 세기의 고난, 반성, 희생의 결과물이다. (...)변화가 필요할 때도 오래된 이해 세력들을 한꺼번에 해체하지 말고 반드시 단계적이고 차별적으로 변화를 도입해야 한다. (797)

세 번째 원칙: 보수주의자는 소위 규범이라는 원칙을 믿는다.

규범은 전통의 산물이다. 보수주의자들은 오래된 규범으로부터 오늘의 삶이 존재한다고 믿는다.

> 보수주의자는 현대인이 거인의 어깨 위에 있는 난쟁이이며, 그들의 조상보다 더 멀리 바라볼 수 있는 유일한 이유는 앞서 살았던 인물들의 위대한 능력 때문이라고 생각한다. 따라서 보수주의자는 오랜 기간 관습으로 굳어진 규범의 중요

성을 매우 자주 강조하여 인간의 정신이 반대로 달려가지 않
도록 한다. (798)

네 번째 원칙: 보수주의자는 신중함이란 원칙에 따라 행동한다.

대한민국 사회를 보아도 알 수 있지만 짧은 시간 내에 이루어지는 개혁엔 실수가 따른다. 보수주의자는 그런 점을 알기에 언제나 돌다리도 두드리고 나서야 건넌다.

어떤 공공의 정책도 거의 확실한 장기적 결과를 감안해서
결정해야지 단순히 단기적인 인기나 이점에 따라 판단하지
말아야 한다. (...)신의 섭리는 천천히 움직이지만 악마는 언
제나 서두른다. (798-799)

다섯 번째 원칙:보수주의자는 다양성의 원칙을 중시한다.

진보주의자들은 복잡한 것을 좋아하지 않고 통일성이나 평등을 좋아한다. 그러나 보수주의자들은 인간세계의 복잡성을 인정한다. 이것은 사실상 불평등을 현실로서 받아들여야 한다는 것이다.

어떤 문명에서도 건강한 다양성을 보존하려면 질서와 계급, 물질적 조건의 차이, 다양한 종류의 불평등이 살아남아야 한다. (799)

여섯 번째 원칙: 인간은 불완전하다는 원칙에 따라 보수주의자들은 스스로를 억제한다.

진보주의자는 인간의 가능성을 높이 평가한다. 인간은 항상 진보하는 존재라고 믿는다. 그러나 보수주의자들은 인간의 불완전을 숙명으로 받아들여야 한다고 생각한다.

보수주의자는 이상향의 추구가 참사로 끝난다고 말한다. 인간은 완벽한 세상에 살도록 만들어지지 않았기 때문이다. 우리가 합리적으로 기대할 수 있는 최대치는 참을만하게 질서가 잡혀 있으며, 정의롭고 자유로운 사회로서 어느 정도의 악과 사회적 불균형, 고통이 계속 존재하는 곳이다. (800)

일곱 번째 원칙: 보수주의자들은 자유와 재산권이 밀접하게 연결돼 있다고 확신한다.

이 확신 때문에 보수주의자들이 사회주의 등의 좌파 사상과 연결되기 어렵다. 보수주의자들은 위대한 문명은 사유재산권을 토대로 수립되었다고 믿는다.

> 사유재산 제도 사적 소유권은 인류에 책임감을 가르치고 성실해야 한다는 동기를 제공하며 문화 전반을 지원하고 인류를 단순히 고된 일의 수준에서 벗어나도록 만들며, 생각할 여가와 행동할 자유를 제공해준 강력한 도구였다. (801)

여덟 번째 원칙: 보수주의자는 자발적인 공동체를 지지하고 강제적인 집산주의를 반대한다.

미국인들의 DNA 속엔 자치의 유전자가 있다. 바로 자발적인 공동체를 만들어 스스로를 통치해야 한다는 것이다. 이것이 바로 연방국가를 만들어 지난 200년을 버텨온 힘이다.

> 진정한 공동체라면 시민의 삶에 가장 직접 영향을 미치는 결정은 지역적이고 자발적으로 내려야 한다. 이런 기능들의 일부는 지역 정치 기구들이, 다른 기능은 사적인 모임들이 수행한다. 그들의 단체가 지역적이고 그들의 결정에 영향을 받는 사람들이 대개 그에 동의한다면 그들은 건강한 공동체를 구성한다. (801)

아홉 번째 원칙: 보수주의자는 인간의 격정과 권력을 신중하게 자제해야 할 필요를 인지한다.

이것은 보수주의자들의 권력에 대한 인식이다. 그들은 인간을 완전하게 보지 않기 때문에 권력의 횡포를 항상 경계한다. 미국 독립 과정에서 분권제 대통령제를 채택한 미국 건국의 아버지들이 가진 생각이었다.

> 인간의 본성에 선악이 섞여 있다는 사실을 알기 때문에 보수주의자들은 단순한 호의를 신뢰하지 않는다. 보수주의자들은 헌법적 제약, 정치적 견제와 균형, 법률의 적절한 강제, 예로부터 의지와 욕구를 억누르는 미묘한 그물망 등을 자유와 질서의 도구로 승인한다. (803)

열 번째 원칙: 사려 깊은 보수주의자는 활력이 넘치는 사회라면 영속성과 변화를 반드시 인정하고 조화시켜야 한다고 생각한다.

보수주의자가 영원히 변화를 용인하지 않는다고 생각하는 것은 그들에 대한 오해다. 그들도 사회적 개선 자체를 반대하지 않는다. 다만 전통과 규범에서 오는 계속성과 전진의 힘을 조화해야 한다. 그들은 합리적이고 온건한 변화를 선호한다.

> 지적인 보수주의자는 계속성의 요구와 전진의 요구를 조화시키려 노력한다. 그러나 계속성의 정당한 요구에 둔감한 자유주의자와 급진주의자들은 의심스럽기만한 지상의 낙원으로 우리를 서둘러 데려가려 한다. 그러한 노력의 과정에서 그들은 우리에게 전해진 유산을 위험에 빠트리게 된다고 보수주의자들은 생각한다. (804)

대한민국의 보수여, 앞으로 나와라

이상에서 우리는 서구의 보수주의 그중에서도 미국의 보수주의의 실체를 보았다. 다시 곰곰이 생각해 보자. 저와 같은 인간의 성향이 서구사회에서만 나타나는 것일까. 아니다, 세계 어디에서도 볼 수 있는 보편적 인간의 성향이다. 그렇다면 대한민국의 보수는 어떨까. 물론 존재한다. 저런 보수주의를 지지하며 그것을 삶의 자세로 체화한 사람은 의외로 많다.

문제는 보수주의자들의 목소리가 제대로 들리지 않는다는 거다. 대한민국이 제 길을 가기 위해서도 저런 보수주의 성향을 가진 사람들이 사회 전면에 나서야 한다. 양심적인 보수, 도덕적인 보수가 나와 쓴소리를 아끼지 말면서, 가짜 보수들을 내몰고 급진적인 변혁을 주장하는 사람들과 대화를 시작할 때, 대한민국이란 기차는 제 궤도를 달리며 행복의 미래로 나아갈 것으로 믿는다.

제3부
21세기 인권의 전환

자유란 국가가 개인의 자유를 존중한다는 의미에서 그저 자제하는 것만으로 실현되지 않는다. 통상 가난한 사람, 교육을 받지 못한 사람들은 자유의 주체라고 할지라도 그것을 실질적으로 누리지 못한다. 배가 고픈 사람에게 사상·양심의 자유가 중요하겠는가, 호주머니가 텅텅 비어 오늘내일 끼니를 걱정하는 사람에게 투표장에 나가 자신의 대표자를 뽑을 것을 기대할 수 있겠는가. 여기서 인간은 역량을 갖지 못하면 그의 자유란 허상에 불과하다는 생각이 부각된다. 인간의 자유란 사실 인간의 역량 그 자체가 아닐까. 바야흐로 적극적(positive) 자유란 개념이 대두되고, 그 과정에서 시민적·정치적 자유(약칭 자유권)를 넘어 경제적·사회적·문화적 권리(약칭 사회권)가 탄생했다. 사회권은 21세기 각종 권리문서에 자리를 차지하는 권리가 되었지만 아쉽게도 그것은 자유권에 비해 여전히 이류의 권리로 취급된다. 그것은 실질적인 권리가 아니라 국가의 노력 의무이자 미래에 대한 프로그램에 불과하다는 것이다. 따라서 양극화가 심화되는 21세기에, 이러한 이분론을 극복하지 않으면 인류는 진정한 자유를 누리지 못하고 새로운 위기에 직면할지 모른다.

인권고전강독 8

인권의 새로운 패러다임
-샌드라 프레드먼의 〈인권의 대전환〉-

"사람들이 얼마나 성취할 수 있느냐는 경제적 기회, 정치적 자유, 사회적 권력, 그리고 양호한 건강 및 기본 교육 같은 조건, 독창성의 격려와 함양 등에 의해 영향을 받는다." 자유를 이런 식으로 규정하면 자신이 소중하게 여기는 목적을 달성할 수 있는 능력이 자유의 본질적인 요소가 된다."(본문 명저)

새로운 인권시대에 살고 있는 우리들

인권이란 분명 시공을 초월한 보편성이 있지만, 한편 시대의 산물이기도 하다. 100년 전, 200년 전의 인권이 오늘 이 시대에 그대로 적용될 수는 없다. 시대에 따라 인권의 내용은 달라졌고 그 실현의 정도도 달랐다. 인권의 흐름을 회고하면, 인류는 18세기 이후 국가로부터 자유(권)를 얻기 위해 투쟁했고(1세대 인권), 19세기엔 사회주의 운동과 더불어 평등(권)을 요구했으며(2세대 인권), 20세기엔 두 번의 세계 대전을 경험하면서 평화와 연대의 권리(3세대 인권)를 추구하였다.

이런 변화 과정 속에서도 홉스, 로크, 그리고 루소에 의해 형성되고 밀에 의해 완성된 근대인권사상은, 아직도 인권개념을 이해하는 데, 강력한 힘을 발휘하고 있는 게 사실이다. 하지만 우리는 지금 21세기를 살고 있기에 수 세기 전 형성된 인권사상만으로는 오늘 우리의 인권문제를 전부 설명할 수도, 해결할 수도 없다. 근대인권사상을 넘어 새로운 인권개념을 정립하지 않으면 안 되는 수많은 사정이 있기 때문이다.

그래서 오늘은 그 이야기를 하고자 한다. 이 시대는 어떤 새로운 인권개념을 요구하고 있는지, 그런 인권개념은 국가에 어떤 새로운 의무를 요구하는지 등에 대해서 말이다.

이런 이야기를 하기 위해 고르고 고른 책이 샌드라 프레드먼의 〈인권의 대전환〉(조효제 옮김)이다. 이 책을 인권 고전의 반열에 올리기는 아직 시기상조일지 모르겠다. 그렇지만 이 시점에서 현대 인권개념을 설명하기 위한 책으로 이만한 책도 없다. 문제는 이 책이 매우 전문적인 내용을 설명하고 있기 때문에 인권을 전공하지 않는 사람들에겐 쉽지 않다는 점이다. 전달하는 나로서도 적잖게 부담을 느끼지 않을 수 없다.

그럼에도 나는 내 인권 고전강독을 수미일관하게 완성하기 위해선 이 책의 정수를 전달하는 것이 필수적이란 생각을 한다. 부디 이 책을 통해 21세기 우리가 사는 세상에서 필요한 인권사상이 무엇인지 그 내용에 접근할 기회가 되길 바란다.

첫 번째 대전환, 인권의 속성이 변하다

인권은 '간섭의 배제'다

프레드만이 말하는 인권의 대전환의 첫 번째 내용은 인권의 본질적 속성이 대전환을 맞이했다는 것이다. 그는 이것을 말하기 위해 우선 전통적인 인권개념을 이렇게 설명한다.

오랫동안 인권은, 잠재적으로 개인의 자유를 침해하려는 국가에 맞서 개인의 자유를 수호하는 기능을 주로 수행한다고 여겨져 왔다. 그러므로 인권은 국가에 대해 어떤 행동을 취하라는 적극적 의무가 아니라, 개인에 대해 부당한 간섭을 하지 않아야 할 자기 억제의 의무(duty of restraint)를 부과한다고 이해되었다. 이러한 견해의 바탕에는 일련의 특정한 가치들이 자리 잡고 있다. 즉, 자유를 간섭의 부재로 생각하고, 국가를 개인과 분리되고 개인과 대립하는 것으로 규정하며, 개인의 도덕적 선택에 대해 국가는 왈가왈부하지 않는다는 원칙 등이다. (77)

근대인권 개념은 주로 자유를 중심으로 형성되었다. 이 자유는 주로 시민적, 정치적 자유로 불리는 것으로, 신체의 자유, 집회결사의 자유, 언론 출판의 자유, 사상 양심 종교의 자유 등을 말한다. 이들 자유의 속성은, 국가의 의무라는 차원에서 보면, 국가가 개인의 자유에 간섭하지 않는 것을 의미한다. 즉, 국가가 개인의 각각의 자유를 보장하기 위해 해야 할 일은 그저 방해하지 않으면, -이를 자기 억제 의무라 한다- 되는 것이라고 생각했다. 자유는 '간섭 없는 상태'를 의미했다.

예를 들면, 거리에서 경찰관이 걸어가는 시민을 영장 없이 체포한다면, 우리는 그것에 대해 국가가 신체의 자유를 침해하는 것이라고 말할 수 있다. 이런 자유를 말할 때, 국가가 신체의 자유를 보장하는 것은 어려운 일이 아니다. 길거리에서 영장 없이 시민을 마구잡이로 체포하는 것을 중단하면 되는 것이다. 한마디로 국가는 불법체포를 하지 않아야 한다는 소극적 의무만을 실천하면 신체적 자유는 보장되는 것이다.

인권은 역량이다

오늘날 이와 같은 인권개념은 일대 전환을 맞지 않으면 안 되는 상황이다. 국가가 간섭하지 않는 것만으론 인권이 실질적으로 보장되지 않는다는 것을 깨달은 것이다. 출판의 자유는 종래 국가가 개인의 출판에 대해 간섭하지 않으면 보장되는 것으로 이해되었다.

하지만 개인이 출판할 능력이 없다면 국가의 불간섭 상태가 있다고 해서 개인이 이 자유를 누리는 게 아니다. 개인이 교육을 못 받아 문맹인 경우, 글을 쓰지 못하는 데, 무슨 출판의 자유가 필요하겠는가. 이런 상황에선 개인의 출판의 자유는 사실상 종이 위의 권리에 불과하다. 국가가 간섭하지 않는 것만으론 누릴 수 있는 자유가 아니다. 출판할 수 있는 개인의 역량이 없다면 사실상 출판의 자유는 의미 없다.

이에 대해 프레드만은 후생경제학자로 노벨경제학상을 받은 아마티아 센의 역량이론을 소개한다.

> 센은 자유를 간섭의 부재로 보지 않고, 주체 행위 또는 진정한 선택을 할 수 있는 능력, 그리고 그러한 선택에 맞춰 행동할 수 있는 능력이라고 본다. 센에게 자유란, 어떤 사람이 소중하게 여기는 어떤 것을 행하거나, 소중하게 여기는 상태가 될 수 있는 능력을 뜻한다. 센은 다음과 같이 주장한다. "사람들이 얼마나 성취할 수 있느냐는 경제적 기회, 정치적 자유, 사회적 권력, 그리고 양호한 건강 및 기본 교육 같은 조건, 독창성의 격려와 함양 등에 의해 영향을 받는다." 자유를 이런 식으로 규정하면 자신이 소중하게 여기는 목적을 달성할 수 있는 능력이 자유의 본질적인 요소-자유와 반대되기는커녕-가 된다. (81-82)

미국의 철학자 마사 너스봄은 센의 역량이론을 한 단계 법적 개념으로 올렸다. 자유의 본질적 요소가 역량(능력)이라면, 자유의 의무자인 국가에겐, 간섭의 배제 이상의 의무가 생길 수밖에 없다. 그것은 개인의 역량을 일정 부분(인간다운 생활을 할 수 있는 최소한의 하한선) 국가가 책임지지 않으면 안 되는 적극적 의무이다. 국가가 개인의 역량에 무관심하다면 개인의 인권은 실질적으론 보장된다고 할 수 없기 때문이다.

> 너스봄은 역량이론을 통해, 시민들이 자기 정부에게 무언가를 요구할 수 있는 권리를 보유하고 있다고 하는 헌법적 핵심 원리의 기초를 설명하려고 한다. (…)너스봄은 어떤 역량 이하로는 인간이 진정으로 기능할 수 없는, 역량의 하한선(역치, threshold)을 설정할 수 있다고 주장한다. 즉, 시민들이 이러한 역량의 하한선 이상을 지닐 수 있도록 하는 것이 사회의 목표가 되어야 한다는 말이다. 이 목표와 대응해서 너스봄이 주장하는 권리는, 국가에게 인간 기능의 최소한의 하한선을 보장해줄 적극적 의무를 부과한다. (83)

그러나 인권 개념의 이런 전환에는 상당한 저항이 있음도 알아야 한다. 이사야 벌린이 그런 저항의 선두에 선 사람인데, 그는 국가가 개인의 자유에 대한 의무로서 간섭의 배제라는 소극적 의무 외에 개인의 역량을 강화하기 위해 적극적 조치를 취한다면 자유 상실이라는 대가를 치러야 한다고 주장한다.

이것은 벌린이 목격한 20세기의 사회주의 국가를 떠올리면

쉽게 이해가 될 것이다. 사회주의 체제 하에선 개인의 역량을 평등하게 올리기 위해 배분을 국가가 통제한다. 벌린은 이 과정을 수행하기 위해선 사회주의는 필연적으로 개인의 자유를 상실케 하는 전체주의로 빠질 수밖에 없다는 것을 경고하는 것이다.

> 벌린은 평등이나 정의 등의 목표를 위해서 자유를 제한할 수도 있다고 인정한다. 또한 자유를 보호하는 것만이 국가의 유일한 기능은 아니라고 한다. 그러나 그렇게 되면 자유 외의 다른 목표를 채택한다는 것은 자유의 상실을 의미하는 셈이다. 그것은 예를 들어 국가가 빈곤을 줄여서 개인들의 속박을 제거하는 쪽으로 적극적인 조치를 취한다면 자유의 상실이라는 대가를 치르면서 그렇게 한다는 뜻이다. (79)

두 번째 대전환, 개인과 국가의 관계가 변하다

근대인권 사상 하에선, 기본적으로 개인의 인권은 본질적으로 자신의 것이지, 국가나 사회와는 무관하다. 홉스, 로크, 루소의 자연권을 생각해 보라. 자연권은 국가가 탄생하기 전 자연 상태에서 개인이 누린 권리가 아닌가. 그런데 새로운 인권개념에선 이와 같은 사고의 일대 전환을 요구한다. 인권은 국가와 개인의 대립적인 관계에서 국가로부터 쟁취하는 것만이 아니라, 국가나 사회와의 상호 관련(상호 인정) 속에서만 의미가 있다는 것이다.

> 개인은 단지 법과 질서를 유지하는 것 이상의 이유 때문에 사회가 필요하다. 사회의 도움이 없으면 개인은 온전한 잠재력을 발휘할 수 없다. 뿐만 아니라, 개인의 정체성도 본질적으로 사람들 사이의 인정과 인간관계에 기반을 두고 있는 것이다. 이런 관점은 개인의 정체성이 사회적 관계의 맥락에서 주체들 상호간의 인정에서 비롯된다고 한 헤겔의 토대론적 견해(foundational view)에 근거를 두고 있다. (...)인권은 개인이 사회보다 우선한다는 전제 위에서 성립할 수 없는 개념이다. (94-95)

이런 사고는 인권이 제대로 실현되기 위해선 국가나 사회의 적극적 개입이 필요하다는 철학적 인식으로 이어진다. 국가에 인권 실현을 위한 적극적 의무를 부여하기 위해선 국가와 개인을 대립적 관계로만 보아서는 안 된다는 것이다. 이제 우리는 국가를 거대한 괴물, 리바이어던이라고만 생각할 필요가 없다. 국가는 나의 역량을 강화해 주고, 내 인권을 보장하기 위해 존재한다. 그것 없이는 내 인권은 보장되지 않는다. 그러니 우리는 국가 속에서 그것과 협력해 인권신장을 얻어내지 않으면 안 된다.

그러나 국가와의 협력관계가 언제나 원만할 수는 없다. 국가가 인권실현을 위해 적극적으로 행동한다는 명분 아래 그 권력을 남용할 수 있는 여지는 얼마든지 있다. 그런 면에서 벌린의 경고는 유효하다. 그래서 국가의 적극적 의무엔 항상 한계가 있을 수밖에 없다. 그것은 우리의 자유를 실질적으로 신장시키고 민주주의에 도움이 되지 못하면 정당화될 수 없다는 사실이다. 프레드만도 이것을 다음과 같이 분명히 하고 있다.

> 인권에서 비롯되는 적극적 의무가 있다고 해서 국가가 자기 권력을 무제한으로 사용할 수 있는 백지수표를 위임받은 것은 아니다. 적극적 의무가 국가에게 행동할 것을 요구한다 하더라도 그 요구가 국가에게 자기 억제를 요구하는 의무에 비해 더 많은 운신의 폭을 허용하는 것도 아니다. 그리고 국가의 적극적 의무는, (…)실질적 자유와 연대와 평등과 민주주의라는 목표를 더욱 증진하지 못할 때에는 정당화되지 못한다. (108)

세 번째 대전환, 자유권과 사회권, 그 경계가 허물어지다

인권은 크게 두 종류로 나누어 설명된다. 자유권과 사회권. 우리 헌법상 규정되어 있는 기본권도 이렇게 나눌 수 있다. 신체의 자유, 집회결사의 자유, 사상 양심 종교의 자유 등등은 자유권, 교육받을 권리, 주거에 관한 권리, 보건에 관한 권리 등은 사회권으로 분류된다. 아마 우리가 가입한 국제인권규약이란 것을 들어보았을 것이다. 두 개의 중요한 인권조약이 있는데, 하나가 '시민적·정치적 권리에 관한 국제규약'이고, 다른 하나가 '경제적·사회적·문화적 권리에 관한 국제규약'이다. 전자가 주로 인권 중 자유권에 해당하는 권리를 보장하기 위한 것이라 하여 간단히 자유권규약이라고 하고, 후자가 사회권에 해당하는 권리를 보장하기 위한 것이라 하여 사회권규약이라고 한다.

종래 인권을 이렇게 나눈 이유는 그 인권의 종류에 따라 보장방법이 구별된다는 이유에서였다. 자유권 영역은 앞서 인권의 속성에서 보았듯이, 국가의 간섭 배제, 곧 국가의 소극적 의무의 이행으로 인권이 보장되기 때문에, 국가는 즉시 그 의무를 이행할 수 있고 또 이행해야 한다는 것이었다. 만일 국가가 이를 이행하지 않으면 개인은 사법에 호소할 수 있다. 법원에 가지고 가 국가의 인권침해에 대해 구제를 받을 수 있다는 것이다.

앞서 본 예를 생각해 보자. 신체의 자유를 보장하는 방법은 국가가 개인의 신체에 침범하지 않으면 된다. 길거리에서 무고한 시민을 잡아가지 않으면 개인의 신체의 자유는 보장되는 게 아닌가.

만일 국가가 이를 이행하지 않는다면 권리자인 시민은 국가에 그 인권침해의 중지를 요구할 수 있고, 경우에 따라서는 국가를 상대로 소송을 제기할 수 있다. 경찰공무원의 불법적인 체포는 그 자체가 범죄이며, 민사상 손해배상을 청구할 수 있는 원인이 된다.

반면, 사회권 영역은 자유권과는 달리 국가의 적극적 의무가 전제되어야 하므로 당장 그것을 이행하라고 주장하기 어렵다. 돈이 들고 자원이 필요하기 때문이다. 그래서 이런 권리는 권리를 보장받지 못했다고 해도 개인이 국가를 상대로 재판을 청구하기 어렵다는 것이다.

예를 들어 보자. 교육받을 권리가 대표적인 사회권이다. 개인에게 이런 권리가 있다는 것은 국가 차원에선 교육을 제공할 의무가 있다는 것을 의미한다. 그런데 그것은 국가가 가만히 있어가지고는 개인의 권리가 보장되는 게 아니다. 그 권리가 보장되기 위해서 국가는 학교를 짓고, 교사를 양성하지 않으면 안 된다.

즉, 이것은 자유권과 달리 국가가 '하지 않음으로써' 가능한 게 아니라, 무엇인가를 적극적으로 '해야 함'으로써 가능한 것이다. 그리고 국가가 그런 적극적 의무를 이행하기 위해선 돈이 들어간다. 그러니 그 권리가 헌법상에 규정되어 있다고 해도 그것은 국가가 지금 당장 그 권리를 보장하겠다는 것이 아니고 국가의 목표로서 그렇게 해 나가겠다는 것을 정한 프로그램이라는 것이다. 이런 이유로 개인이 이런 권리를 보장받지 못했다고 해서 국가를 상대로 소송할 수 없다. 소송한다고 해서 법원이 쉽게 받아줄 리가 없다. 이렇게 전통적인 인권관은 자유권과 사회권 사이에 분명하게 경계선을 치고 차별적으로 대우해 왔다.

> 인권에 관한 전통적 접근 방식에서는 개념군 주변에 명확한 경계선을 긋곤 한다. 국가가 자기 억제를 하는 소극적 의무는 자유를 보호하는 시민적 정치적 권리이고, 국가의 적극적 의무는 평등을 신장하는 경제적 사회적 권리라는 식이다. 전자는 사법 심사에 적합한 권리지만, 후자는 사법적 판단의 대상이라기보다는 단지 어떤 포부를 나타내는 권리라는 주장도 있다. (181)

그런데 프레드만은 이런 자유권과 사회권의 구별 그리고 그에 따른 국가 의무의 차이가 이젠 불분명해지기 시작했다고 주장하며, 그것이 새로운 인권 패러다임의 중요한 내용이라고 설명한다. 그 요지는 '자유권-소극적 의무, 사회권-적극적 의무'라는 도그마를 깨자는 것이다. 어떤 인권이든지 국가의 의무를 분석하면, 국가는 소극적 의무와 적극적 의무를 동시에 갖는 것이지 어느 하나만 갖는 것은 아니라는 거다.

> (...)어떤 권리가 적극적 의무를 발생시키느냐 또는 소극적 의무를 발생시키느냐, 하는 점에 근거해서 그 권리를 구분하기란 불가능하다. 모든 권리는 각각 일련의 의무를 발생시킨다고 보는 것이 더 유용한 방식이다. 이중 어떤 의무는 국가에게 간섭을 못하도록 하게 하고, 어떤 의무는 적극적 행동과 자원 배분을 요구하기도 하다. 헨리 슈는 (...)의무와 종류와 권리의 종류 사이에 일대일 대응관계는 존재하지 않는다고 주장한다. (...)모든 권리에는 "세 가지 종류의 의무가 존재한다. 기본권을 온전히 보장하려면 이 세 가지 의무가 모두 달성되어야 하지만 모든 의무를 단일 인물 또는 단일 기관이 추구할 필요는 없다." 슈는 이 세 가지 의무를 다음과 같이 표현한다. '회피할 의무(duties to avoid)', '보호할 의무(duties to protect)'. '지원할 의무(duties to aid)'가 그것이다. (187-188)

국제인권법에선 지난 20여 년 동안 이런 관점의 변화를 적극적으로 수용해 왔다. 그 결과 최근엔 자유권이든 사회권이든 국가 차원에선 세 가지 의무가 있다는 것이 보편적으로 받아들여지고 있다. 위 인용문의 세 가지 의무와 유사한데, 존중의 의무

(obligation to respect), 보호의 의무(obligation to protect), 충족의 의무(obligation to fulfill) 등이 바로 그것들이다.

이 중에서 존중과 보호의 의무는 즉시 이행이 가능하며, 충족의 의무는 점진적 이행을 요구할 수 있는 의무로 간주된다. 이렇게 보면 사회권이라 할지라도 즉시이행의 의무가 발견되고, 그에 따라 사법부가 재판을 통해 권리 침해 여부를 판단하기가 쉬워진다.

네 번째 대전환, 사법의 역할이 강화되어야 한다

프레드만이 강조하는 마지막 이야기는, 앞서 본 자유권과 사회권의 이분법을 극복한다면, 거기에서 사법부가 어떤 역할을 할 것인가이다. 사법부는 인권발전에서 중요한 역할을 해온 것이 사실이지만 정밀한 분석을 해보면 제한적인 역할을 해 온 것도 사실이다. 그동안 세계 여러 나라의 사법부를 살피면, 자유권 영역의 인권보장을 사법부 역할의 본령이라고 생각하는 경향이 강하다. 이에 반해 사회권 영역은 사법부가 할 수 있는 게 없다고 인식하는 분위기다. 국가가 개인에게 적극적으로 일정한 서비스를 제공해야 하므로, 권력분립의 원칙상, 사법부가 그것을 강제하기가 어렵다는 것이다.

(...)국가의 적극적 의무를 강제하는 데 법원의 역할은 쟁점이 되는 부분이다. (...)국가의 적극적 의무 개념은 국가가 정당하게 행동할 수 있는 권한 범위를 넘는 월권행위라는 견해도 있으며, 그런 개념이 사법부로 들어오면 법원의 권한이 과도하게 확장될지 모른다는 우려도 있다. 국가의 자기 억제 의무는 즉시 시행할 수 있고 한번 이루어지면 그것으로 끝이지만, 적극적 의무는 계속 이루어져야 하는 것이고 지속적인 감시가 필요한 행위이다. 따라서 적극적 의무는 흔히 법원의 제도적 역량을 넘어선 것이라고 말해진다. (...)따라서 국가의 자기 억제 의무에 관련된 '사법심사적합성(justiciability)'은 보통 인정되지만(물론 아직도 이론상 쟁점이 남아 있지만), 적극적 의무는 사법심사가 통하지 않는 정치행위로 여겨지곤 한다. (231-232)

하지만 사회권 영역이라고 해서 사법부의 심사대상에서 제외하면 사회권의 신장은 크게 기대할 수 없다. 그렇게 되면 사회권은 항상 이류 권리에 불과하며 결국 종이 위의 권리로 전락할 것이다. 그래서 인권전문가들은 이 영역의 사법심사가능성을 중시해왔고, 그것을 위해, 위에서 본대로 자유권과의 경계를 허물기 위한 시도를 해왔다.

(...)사법심사적합성은 그것이 민주주의를 강화한다는 목적에 부합하기만 한다면 적절한 수단일 수도 있음이 드러난다. 그렇다면 여기서 우리의 목표는 사법심사적합성에서부터 사법심사 부적합성에 이르는 기존의 여러 논변들을 재론하기보다 민주주의 원칙으로 정당화할 수 있는 법원의 역할을 이론적으로 정립하는 것이어야 한다. (246)

이 책은 사회권을 사법부가 심사하여 적절한 사법적 판단을 할 수 있음을 여러 각도에서 논증하고 국제사회에서 이를 선도하는 국가(남아공화국이나 인도)도 소개한다. 그에 의하면 사법부의 사회권에 대한 사법심사는 결국 민주적 이상의 구현이라는 차원에서 접근해야 한다고 한다. 사법부를 통해서 국가의 시민에 대한 민주적 이상인, 책무성, 참여성, 평등성 실현이 가능하다면, 사법부의 사법심사는 충분히 그 정당성을 인정받을 수가 있다는 것이다.

국가의 적극적 인권보호의무를 심사하기 위해 사법부의 민주적 역할을 어떻게 창안할 수 있을 것인가? (...)민주적 이상을 구현하려면 세 가지 핵심 가치가 필요하다. (...)책무성, 참여성, 평등성이 그것이다. 따라서 이 세 가지 측면에서 법원이 모두 일정한 보완적 역할을 수행할 수 있는 한, 법원의 역할은 정당성을 지닐 수 있다. (251)

여기서 책무성이란 국민대표가 유권자들에게 자신의 행동을 설명하고 정당화할 의무를 말한다. 그렇다면 법원은 재판과정을 통해 국민대표로 하여금 유권자들에게 설명하고 정당화할 수 있을 것인가? 그게 가능한가?

참여성은 의사결정과정에서 심의를 통해 민주주의 과정을 보다 완벽하게 만드는 것을 의미한다. 법원은 재판과정을 통해 심의를 위한 포럼 역할을 할 수 있을까? 그게 가능한가?

나아가 평등성은 대의민주주의에 참여하는 모든 주체가 평등한 대우와 존중을 받는 것을 말한다. 법원이 대의제 과정을 진정으로 자유롭게 운용할 수 있는 절차적 장치를 제공할 수 있을까? 그게 가능한가?

저자는 이러한 질문에 긍정적인 답을 한다. 충분히 그럴 가능성이 있다는 것이다. 사법부가 재판절차를 적절히 운용하면 민주주의를 보완할 수 있는 계기를 만들 수 있고, 그런 절차를 통해 국가의 적극적 의무를 판단할 수 있다는 것이다.

결론적으로 사법부는 사회권을 판단하면서 사회권의 한계 운운하며 그 역할을 스스로 축소할 하등의 이유가 없다. 헌법과 국제인권규약에 규정된 그 권리가 제대로 이행되지 못한다면 그 이유를 법정에서 정부를 상대로 물어보고 설명케 해야 한다. 그리고 그 이행을 위해 어떤 일을 해야 하는지를 사법부가 촉구할 수 있어야 한다. 그것이 바로 정치가 제대로 하지 못하는 민주주의를 보완하는 길이며, 우리가 의지를 갖고 적절한 사법절차를 만들 수 있다면 얼마든지 가능한 것이다. 결코 포기할 일이 아니다.

인권고전강독 9

인권사회는 정의사회다
-존 롤스의 〈정의론〉-

"만일 평등한 자유와 공정한 기회균등이 요구하는 제도의 체계를 가정할 경우에 처지가 나은 자들의 보다 높은 기대치가 정당한 것으로 인정될 수 있는 유일한 조건은 그것이 사회의 최소 수혜자들의 기대치를 향상시키는 체제의 일부로서 작용하는 경우이다."(본문 명저)

인권과 정의는 어떤 관계인가

우리가 지향해야 하는 사회적 이념은 여러 가지가 있으나 그것들은 모두 독립적으로 존재하지 않고 연결되어 있다. 대표적인 게 인권과 정의라는 이념이다. 우리는 인권이 존중되는 사회에서 살고자 한다. 사람 모두가 그들 고유의 가치를 인정받고 인간으로서의 권리를 향유할 수 있는 사회, 그런 사회를 만들기 위한 우리의 노력은 멈출 수 없다.

또한 우리는 정의로운 사회에서 살고자 한다. 모든 사람이 인정할 수 있는 공정한 규칙을 만들고 그 규칙 아래 차별 없이 살기를 원한다. 우리가 그런 사회 만드는 것을 어찌 포기할 수 있겠는가.

이 둘은 우리가 동시에 추구해야 하는 가치이자 이념이지만 독립적으로 따로따로 존재하는 게 아니다. 다른 것 같지만 실상은 하나다. 하나의 다른 모습일 뿐이다. 인권은 개인을 중심으로 말하는 행복론이지만, 정의는 사회 전체를 조망하는 행복론이다.

개인의 행복을 어떻게 보장해야 사회 전체가 조화롭고 평화롭게 존재할 수 있을까? 인권과 정의가 만나 인권사회를 만들고 동시에 정의사회를 만나야 우리 전체가 행복하다. 그게 인권론과 정의론이 만나야 할 이유다. 인권을 이야기하면서 정의를 이야기하지 않으면 공허할 수밖에 없는 이유도 여기에 있다.

〈정의란 무엇인가〉라는 책이 잘 팔린 이유

벌써 10여 년 전 일이 되었다. 서점가에서 이상한 일이 발생했다. 인문서적인 마이클 샌델의 〈정의란 무엇인가〉(이창신 옮김)가 불티나게 팔린 것이다. 평소 그런 류의 책은 출판해보았자 수지타산을 맞추기 힘 든다. 그런데 어떻게 해서 그 책은 그리도 많이 팔렸을까. 필자가 하버드 대학의 유명교수라서 그랬던가. 그럴 수 있다. 하지만 미국에서 그만한 교수는 헤아릴 수 없이 많지 않은가.

그럼 책을 잘 써서 그런가. 그럴 수 있다. 그러나 서점가를 뒤져보면 그 정도의 책은 수없이 많다. 〈정의란 무엇인가〉는 샌델 교수의 강의안을 조금 보충한 정도의 책에 불과하다. 꼼꼼히 읽어보면 그리 대단한 수준의 책은 아니다. 그럼, 도대체 그 책은 왜 그리도 많이 팔렸을까.

나는 위 두 가지 이유에 하나를 추가하고 싶은데, 그것은 그 책의 '주제'다. 그렇다. 그 책은 우리나라 사람들이 좋아할 수밖에 없는 주제였고, 그것이 시류와 절묘하게 맞아떨어져 베스트셀러가 된 것이다. '정의'는 어떤 주제보다 한국인의 관심을 끈다. 아무리 중요한 주제라도, 그것이 자유나 인권 혹은 복지나 민주주의라면, 사람들은 그것들이 중요한 문제라고 생각을 하면서도 실제로 그와 관련한 책을 보지 않는다. 그것이 서점가의 현실이다.

우리나라 사람들에게 정의는 그 어떤 삶의 가치보다 중요하다. 너무나 오랫동안 공정과 정의의 밖에서 살아서 그런지 사람들은 정의로운 사회를 항상 꿈꾸어왔다. 세상이 불공평할수록 정의는 사람들의 마음을 사로잡는 법이다.

따라서 정의가 특별히 주목을 받게 되는 상황은 우리 사회가 그만큼 불공정한 사회라는 것을 반증한다. 사람들은 우리 사회에서 너무도 많은 불의를 보았고, 〈정의란 무엇인가〉에서 막연하나마 해답을 구해보고자 했던 것이다.

20세기 최고의 명저, 롤스의 〈정의론〉

샌델의 책에서도 시도했지만 정의를 추구하는 방법론은 쉽지 않은 과제다. 수많은 현자들이 수천 년간 나름대로 정의를 설명하며 그 방법론을 제시했지만 어느 것도 정답의 지위에 오르지는 못했다. 도대체 세상이 어떻게 돌아가야 사람들은 정의로운 세상이라 찬미할까. 도대체 세상의 자원은 어떻게 분배되어야 가장 정의로운 사회라고 할 수 있을까.

이 같은 물음에 대해 답하고자 한 책이 바로 여기서 소개하는 존 롤스의 〈정의론〉(황경식 옮김)이다. 사람들은 이 책을 20세기 최고의 명저로 꼽는 데 주저하지 않는다. 더욱이 이 책은 명저를 넘어 사람들의 마음을 바꾼다. 이 책을 통해 정의를 배운 사람들은 그것을 세상에 옮겨놓으려 한다. 롤스식의 세상 바꾸기를 통해 세상은 분명 훨씬 정의로운 사회가 될 수 있다고 믿는 사람들이 꽤 많은 것이다.

그런데 이 책은 접근하기가 만만치 않다. 볼륨도 읽는 이를 압도하지만 그것보다 말 한마디 한마디가 천근만근 무게감을 갖기 때문이다. 주변에 있는 법철학자들에게 〈정의론〉을 가끔 물어본다. 그럴 때마다 그들도 〈정의론〉을 선명하게 설명하는 것이 자신들의 희망사항이라고 한다.

그만큼 〈정의론〉은 쉽게 넘을 수 있는 산이 아니다. 하지만 이 산을 꼭 한번 등정하고 싶은 것이 나 같은 사람의 꿈이자 욕심이다. 그 산을 올라가면 세상의 이치에 어느 만큼은 다가설 수 있을 것 같기 때문이다.

존 롤스는 누구인가

존 롤스(1921-2002)는 미국 볼티모어에서 태어나 프린스턴 대학에서 인문학을 전공한 다음 제2차 세계대전에 참전했다. 전후 다시 프린스턴으로 복귀하여 도덕철학을 공부하여 박사학위를 취득했다. 1950년대 그는 영국 옥스퍼드 대학에서 연구하는데, 여기에서 자유주의 정치철학자인 이사야 벌린과 실증주의 법철학자 하트를 만나 그들로부터 영향을 받았다.

그 후 미국에 돌아와 코넬 대학을 거쳐 하버드 대학에 정착하여 그곳에서 40년 이상 철학을 연구하고 가르쳤다. 이로써 그는 20세기 미국 철학사에서 롤스주의(Rawlsianism)라는 자신만의 철학적 지향을 만들어냈다. 롤스의 영향을 받은 제자 그룹은 수없이 많지만 그중에서도 마사 너스봄, 토마스 내이겔 등은 현존하는 미국 철학자들 중 최고로 꼽힌다.

〈정의론〉은 왜 쓰였는가

〈정의론〉을 본격적으로 소개하기에 앞서 이 책이 갖는 의의를 알아보자. 현대 인권사의 흐름에서 큰 영향을 끼친 것은 두 가지 사조라 할 수 있다. 하나는 공리주의고, 다른 하나는 사회주의다. 공리주의는 제러미 벤담으로 대표되는 철학자들이 주장한 것인데, '최대 다수의 최대 행복'이라는 말로 정의될 수 있다. 즉, 한 사회의 정의는 보다 많은 사람들에게 보다 많은 이익이 돌아가도록 하는 데서 찾을 수 있다는 것이다. 따지고 보면 이 사상이 우리 사회의 정의관에서도 압도적이다.

국회에서 예산 관련 토론을 하면 백이면 백, 공리주의적 접근을 한다. 국회의원들은 입만 떼면 다수의 국민들이 행복해지는 방법으로 결론을 내야 한다는 말을 한다. 그것이 바로 공리주의다. 그런데 이 접근방법은 치명적인 결함이 있다. 그렇다. 소수자를 보호하지 못한다. 공리주의적 셈법에 의하면 소수자는 어쩔 수 없이 버려지는 패이다. 이 방법은 결코 소수자와 함께 사는 방법을 고민하지 않는다. 그러니 소수자 인권을 존중한다면 공리주의적 접근방법에 항상 찬성표를 던질 수가 없다.

다음으로 사회주의는 세상 사람을 소수자와 다수자로 나누지 않고 모두를 똑같게 만들었다. 모든 사람은 평등하다는 것이다. 그런데 이 사상은 경제적 평등의 대가로 많은 것을 포기하도록 한다. 평등을 이루기 위해서는 국가가 힘을 가져야 한다. 그리고 그 힘은 무자비할 수밖에 없다. 그러니 사람들에게 생각하고 표현하는 자유를 결코 허용할 수 없다. 신체의 자유라고 예외기 아니다.

절대적인 평등을 추구하는 사회에서는 인간의 몸도 자기 것이 아니다. 그런 사회에서는 인간의 신체도 언제든지 권력행사의 대상이 될 수밖에 없다.

〈정의론〉은 위의 두 가지 도전에 대해 일정한 답을 주기 위해 쓰였다고 해도 과언이 아니다. 공리주의를 넘어 소수자에게도 인권이 보장되는 사회, 사회주의를 넘어 개인의 자유가 보장되는 사회, 그런 사회를 만들 수는 없을까. 그것이 가능하기 위해서는 사람들은 무엇에 동의해야 할까. 어떤 원칙 하에 사회를 조직하면 사람들은 그 사회를 정의로운 사회라고 부를까.

이런 것이 바로 롤스가 〈정의론〉를 통해 만들어내고자 했던 꿈이었다. 롤스는 그 꿈을 이 책을 통해 이루어냈고, 그랬기에 이 책은 롤스의 필생의 역작이 되었다.

사회제도의 제1덕목은 정의

자, 이제부터 이 책의 핵심 내용을 정리해보자. 나 또한 별 능력은 없지만 성의를 가지고, 강독에 맞게 〈정의론〉의 엑기스에 해당하는 문장을 이용해, 그 핵심을 설명해 보려 한다. 우선 롤스가 정의의 가치에 대해 어떻게 생각하는지 알아보자. 만일 우리가 사회를 계약에 의해 만든다면 거기에서 가장 중요한 원칙이 무엇일까.

롤스는 그것이 바로 정의의 원칙이라고 말한다. 이것은 자신의 이익증진에 관심을 가진 자유롭고 합리적인 사람들 누구나가 가장 공정한 상태(원초적 입장)에서 받아들일 수 있는 원칙을 말한다. 그는 이에 대해 책의 초반에서 간명하게 이렇게 대답한다.

> 사상체계의 제1덕목을 진리라고 한다면 정의는 사회제도의 제1덕목이다. 이론이 아무리 정치하고 간명하다 할지라도 그것이 진리가 아니라면 배척되거나 수정되어야 하듯이, 법이나 제도가 아무리 효율적이고 정연하다 할지라도 그것이 정당하지 못하면 개선되거나 폐기되어야 한다. (36)

〈정의론〉은 이런 내용이다

이제 〈정의론〉의 핵심에 도전해보자. 800쪽에 가까운 방대한 이 책에서 롤스가 말하고자 하는 핵심을 찾는다는 것은 쉽지 않다. 하지만 다행스럽게도 롤스는 책 이곳저곳에서 자신의 말을 요약해놓았다. 그것을 중심으로 이 세기의 책 〈정의론〉의 핵심을 엿보자.

원초적 입장에서의 정의의 원칙

사회계약을 연상시키는 원초적인 입장에서 사람들이 동의할 수 있는 정의의 원칙이 무엇일까. 위에서 본 대로 사람들은 사회 구성원들에게 기본적 권리와 의무를 어떻게 할당할 것을 합의할까. 또한, 사람들은 그 사회가 만들어낸 사회적 부를 배분하는 원칙을 어떻게 세울까. 이에 대해 롤스는 다음과 같이 말한다. 이것이 바로 〈정의론〉에서 가장 중요한 정의의 원칙이다.

> 원초적 입장에서 사람들은 다음과 같은 상이한 두 원칙을 채택하리라는 것이다. 즉, 첫 번째 원칙은 기본적인 권리의 의무의 할당에 있어 평등을 요구하는 것이며, 반면에 두 번째 것은 사회적·경제적 불평등, 예를 들면 재산과 권력의 불평등을 허용하되 그것이 모든 사람, 그중에서도 특히 사회의 최소 수혜자에게 그 불평등을 보상할 만한 이득을 가져오는 경우에만 정당한 것임을 내세우는 것이다. (49)

이것을 좀 부연 설명해 보자. 이것은 크게 '평등한 자유의 원칙'과 '차등의 원칙'으로 나누어 설명할 수 있다. 차례로 보자.

평등한 자유의 원칙

이 원칙은 롤스 이론의 제1원칙이라 불린다. 한마디로 인간

사회에서 가장 중요한 제1원칙은 인간은 자유로워야 한다는 것이다. 이것은 인간이 누려야 할 기본적 자유에 대해 모든 사람들이 평등한 권리를 가져야 한다는 것을 의미한다. 롤스는 제1원칙을 다음과 같이 선언적으로 표현한다.

> 각자는 모든 사람의 유사한 자유 체계와 양립할 수 있는 평등한 기본적 자유의 가장 광범위한 전체 체계에 대해 평등한 권리를 가져야 한다. (400)

그렇다면 여기에서 기본적 자유가 무엇일까. 롤스는 그 목록을 제시한다. 정치적 자유(투표의 자유와 공직에 취임할 자유), 언론과 결사의 자유, 양심과 사상의 자유, 신체의 자유, 사유재산권 등이 바로 그것들이다. 다만, 롤스의 사유재산권에서 주의할 것은 생산수단에 대한 권리는 이 권리 목록에 들어가지 않는다. 이런 이유로 논자에 따라서는 롤스를 급진좌파라고 하는 모양이다.

위의 권리 목록은 오늘날 인권 목록에서 말하는 자유권의 내용과 거의 일치한다. 그런 면에서 롤스의 정의의 제1원칙은 고전적 자유주의와 밀접하게 관련되어 있다. 그러나 롤스가 정의의 원칙을 여기까지만 말했다면 그의 정의관은 19세기 계몽철학자에 불과했을 것이다. 롤스의 진면목은 다음에서 말하는 제2원칙에서 발견된다.

차등의 원칙

다음으로 롤스 이론의 제2원칙은 무엇일까. 이것은 한 사회의 경제적 원칙을 말한다. 과연 사회의 부는 어떻게 분배되어야 정의의 원칙에 맞는 공평한 것이 되는가. 완전 평등을 추구해야 할까. 아니면 불평등을 용인해야 할까. 만일 불평등을 용인해야 한다면 어떠한 한계 속에서 용인할 수 있을까.

이에 대해 롤스는 사회구성원 모두에게 이익이 되지 못하는 불평등한 분배는 원칙적으로 반대한다. 이 말은 롤스가 하나의 조건 아래 불평등, 즉 차등을 인정한다는 것을 의미한다. 그것은 불평등한 분배가 가능하려면 사회구성원 모두에게 이익이 되어야 한다는 조건이다.

> 모든 사회적 가치(자유, 기획, 소득, 재산 및 자존감의 기반) 는 이들 가치의 전부 또는 일부의 불평등한 분배가 모든 사람에게 이익이 되지 않는 한 평등하게 분배되어야 한다. 그래서 모든 사람에게 이익을 주지 않는 단순한 불평등은 부정의가 된다. (107)

그런데 롤스에게 있어 관심사는 사회구성원 중 하층민(최소 수혜자)에 대한 배려이다. 즉, 차등의 원칙은 한 사회의 최소 수혜자의 이익에 부합되어야 한다. 이것은 불평등한 분배가 된다 해도 그것이 용인되기 위해서는 가장 낮은 계층의 사람들에게 상대적으로 더 유리하게 분배되어야 한다는 것이다.

> 만일 평등한 자유와 공정한 기회균등이 요구하는 제도의 체계를 가정할 경우에 처지가 나은 자들의 보다 높은 기대치가 정당한 것으로 인정될 수 있는 유일한 조건은 그것이 사회의 최소 수혜자들의 기대치를 향상시키는 체제의 일부로서 작용하는 경우이다. (123)

차등의 원칙에서 롤스가 노리는 것은 사회주의 국가의 획일적 평등이 아니다. 기본적으로 평등을 추구하지만 사회주의적 평등에서 나타난 생산성 감소의 약점을 보완하는 길은, 인간의 이기적 심리를 용인하지 않을 수 없고 그것을 기초로 평등을 추구하는 것이다. 이 경우 능력 없는 사람에게 원래 자신의 기여도보다 조금 더 분배가 가능하다면 능력 있는 사람에게 분배비율을 늘인다고 해서 이를 반대할 이유는 없다. 이렇게 해서 사회주의가 가지고 있는 **구조적 문제를 해결할 수 있기 때문**이다.

그런데 차등의 원칙이 제대로 적용되기 위해서는 사회구성원 사이에 공평한 기회가 주어져야 한다. 이게 절차적 정의의 문제다. 그렇지 않으면 사회적 불평등은 구조적일 수밖에 없다. 부모 잘 만나면 영원히 잘사는 체제는 정의의 원칙과는 거리가 멀다. 출발점이 다른 상황에서 경쟁을 해보았자 결과는 이미 정해진 것이나 마찬가지다. 이것은 불공평하다. 그럼 이런 절차적 정의는 어떻게 실현될 수 있는가? 불가능한 것은 아니다. 롤스가 드는 재미있는 예를 직접 보자.

> 몇 사람이 케이크를 나눈다고 할 때 공정한 분할을 동등한 분할이라 한다면 도대체 어떤 절차가 이런 결과를 가져올 것인가? 전문적인 방법을 제외하면 분명한 해결책은 어떤 한 사람이 케이크를 자르고 다른 사람들이 그보다 먼저 케이크를 집어 가게 한 후 그는 가장 나중의 조각을 갖는 것이다. 이 경우에 그는 케이크를 똑같이 자를 것인데, 왜냐하면 그렇게 해야 자신에게도 가능한 최대의 몫이 보장되기 때문이다. (135)

이 이야기는 어떤 결과가 정의로운지를 결정하는 기준과 절차가 있다는 것을 보여준다. 우리가 지향하는 사회는 완전한 평등 사회가 아니다. 그것은 불가능하다. 하지만 같은 능력은 같이 평가

되도록 어떤 절차를 만들어야 한다. 가난한 부모를 둔 똑똑한 자식과 부자 부모를 둔 똑똑한 자식의 미래가 달라져서는 안 된다. 자신의 노력과 자신의 책임 아래 내린 선택 때문에 달라지는 것은 용인할 수 있지만, 자신의 책임이 아닌 것으로 인생이 불평등해지는 것을 용인해서는 안 된다. 이것이 바로 롤스가 생각하는 절차적 정의다.

평등적 자유주의

위에서 얘기한 것을 정리하면 이렇게 말할 수 있을 것이다. 롤스의 정의의 제1원칙(평등한 자유의 원칙)은 시민의 기본적 자유를 존중하는 자유주의의 핵심이다. 정의의 제2원칙(차등의 원칙)은 자유주의적 권리가 사회적으로 불리한 처지에 있는 사람들에게는 유명무실한 빈말이 될 수 있다는 현실을 직시한 사회주의적 인식의 핵심이다.

롤스는 두 원칙의 결합을 통한 새로운 사회를 구상한다. 그것은 최소 수혜자를 우선적으로 고려하는 자유주의다. 그래서 사람들은 롤스의 정의관을 '평등적 자유주의'라고 부른다.

롤스가 말하는 정의의 원칙을 권리개념으로 말하면 제1원칙은 자유권과 관련이 있고 제2원칙은 평등권 나아가 사회권과 관련이 있다. 그런데 이 둘은 가끔 충돌하기도 한다. 이럴 경우는 어떻게 처리해야 할까. 예를 들면 경제적 평등이 요구되는 경우 자유를 유보할 수 있을까. 이것은 개발독재 시대에 왕왕 제기되는 딜레마다.

우리에게도 1970-1980년대 수많은 사례가 있다. 독재자의 논리는 우선 성장을 해야 하니 그동안은 자유를 잠시 유보할 수밖에 없다는 것이다. 이것은 경제를 위해 독재를 인정해달라는 것과 마찬가지다. 그러나 롤스는 이에 대해 절대적으로 반대한다. 롤스는 말한다. 만일 자유와 경제에 서열을 만들 필요가 있다면 단연코 자유가 먼저라고.

> 제1원칙이 제2원칙보다 우선하는 서열적 순서로 배열되어야 한다. (...) 제1원칙이 요구하는 평등한 기본적 자유에 대한 침해가 보다 큰 사회적·경제적 이득에 의하여 정당화되거나 보상될 수 없다는 것을 뜻한다. (106~107)

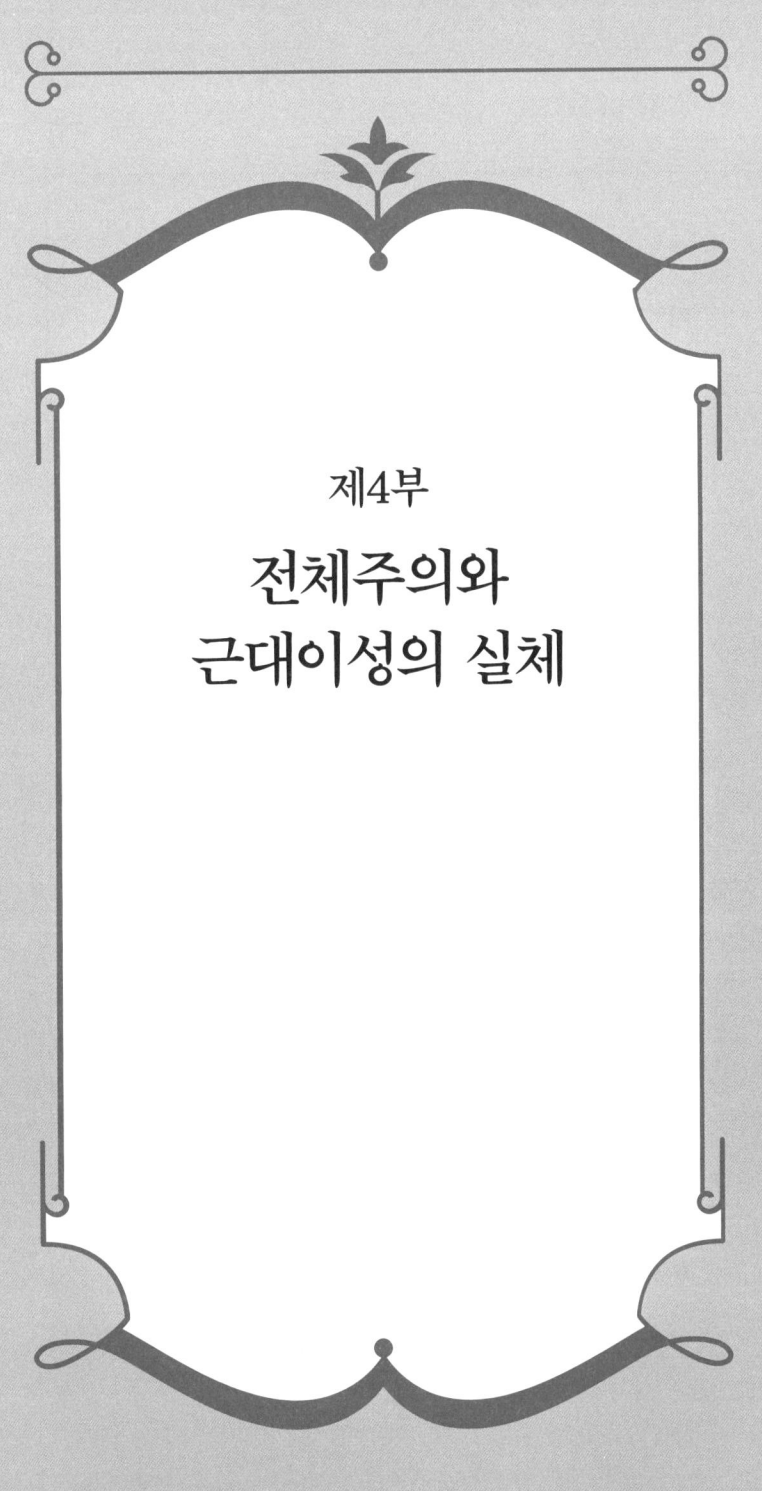

제4부

전체주의와
근대이성의 실체

21세기는 인류가 미증유의 역사를 경험한 세기였다. 두 번의 세계전쟁과 냉전체제를 거치면서 곳곳에서 참혹한 인권유린이 자행되었다. 이 기간에 적잖은 국가에서는 전체주의를 강조하는 지도자들이 나타나 인간의 삶을 억압했다. 국가란 이름 하에, 민족이란 이름으로 수천수만의 사람들이 죽어갔다. 스탈린, 히틀러, 마오쩌둥, 김일성은 그 인권유린의 책임자였고, 한반도에도 70-80년대 그런 부류의 독재자들이 나타났다. 자유를 공부하는 사람이라면 의당 이 전체주의의 속성을 제대로 이해할 필요가 있다. 그런 체제 하에선 사람들의 자유는 어떻게 구속되었는지, 왜 사람들은 오랜 기간 자유를 갈망했음에도 그렇게 쉽게 독재자의 포로가 되었는지. 왜 사람들은 지도자의 그 불합리한 명령에도 거부하지 못하는지, 나아가 근대 이후 국가체제에서 아래에서 자유의 본질은 무엇인지…. 이런 것을 생각하면 자유란 단순한 제도의 문제가 아니라 한 시대의 구조적 문제일 뿐만 아니라 개인 혹은 집단적 심리의 문제라는 것을 알 것이다.

인권고전강독 10

전체주의는
인간을 얼마나 파멸시킬 수 있는가
-조지 오웰의 〈1984〉-

"윈스턴은 빅 브라더의 거대한 얼굴을 올려다보았다. 그가 그 검은 콧수염 속에 숨겨진 미소의 의미를 알아내기까지 사십 년이란 세월이 걸렸다. 오, 잔인하고 부질없는 오해요! 오, 저 사랑이 가득한 품 안을 떠나 제멋대로 고집을 부리며 지내온 유랑의 삶이여!"(본문 명저)

조지 오웰의 〈1984〉은 전체주의 사회에서 권력에 의해 파멸되어가는 인간을 그린 소설이다. 오웰이 이 소설을 쓴 것이 1948년이었고, 당시 지구상 최악의 전체주의 사회는 스탈린의 무자비한 독재가 횡행한 소련이었으니, 이 소설이 소련의 전체주의를 겨냥했다는 분석은 맞다.

그러나 이 소설을 오로지 소련만을 비판하기 위해 만들어진 반공소설로 이해할 순 없다. 이 소설이 지금까지 세계인의 눈을 사로잡는 이유는 동서고금의 전체주의 사회 일반에 대한 경고의 의미가 있기 때문이다.

전체주의는 예전에도 있었고, 지금도, 아니 미래에도 존재할 것이다. 그 형태와 내용을 달리할 뿐 권력이 인간의 자유를 말살하고자 하는 사회는 언제든지 탄생할 수 있다. 그런 사회가 도래하면 그 사회는 시대와 관계없이 오웰이 〈1984〉에서 그린 오세아니아이다.

나는 이런 이유로 인권 공부를 하는 사람들이, 전체주의가 어떤 사회인지, 그런 사회에서 인간성은 어떻게 파멸되어 가는지를 알고자 한다면, 바로 이 책 〈1984〉을 읽어볼 것을 권한다.

작품 무대인 오세아니아는 어떤 사회인가? 한마디로 전체주의가 극한 상황에까지 치달은 사회다. 빅 브라더가 도시 어느 곳에서도 사람들을 노려보고 있다. 텔레스크린이라는 장치가 사람들의 일거수일투족을 감시한다. 사상경찰의 눈은 도시 이곳저곳에서 번득인다. 심지어는 가족도 안심할 수 없다. 아이들이 부모를 고발하고 아내마저 남편을 감시한다.

사상을 통제하기 위해 과거의 사실은 끊임없이 날조된다. 소설의 주인공 윈스턴은 진리부의 기록국 소속으로 각종 문서, 신문, 서적, 녹음, 영화 등 과거의 모든 기록을 조작하고 바꾸는 일을 해왔다. 이곳에선 인간의 본능적인 행위인 섹스마저 국가가 통제한다. 섹스는 아이를 낳는 행위로서만 허용되며 쾌락은 허용되지 않는다.

〈1984〉(민음사본, 정희성 옮김)은 오웰이 남긴 가장 긴 소설로 번역본으로 보면 400쪽이 넘는다. 내용이 사실적이어서 그럭저럭 페이지를 넘길 수는 있지만, 인내가 없으면 끝까지 읽기가 쉽진 않다. 더욱 작가가 전달하려는 내용을 정확히 잡기 위해서는 집중하지 않으면 안 된다. 나 자신도 이 책을 여러 번 탐독해서야 오웰이 말하고자 하는 핵심 문구를 찾아냈다. 그 부분을 독자들과 읽어가면서 설명해 보고자 한다.

전체주의에 대항하는 섹스

> 당신과 관계한 남자가 많으면 많을수록 나는 당신을 더욱 사랑할 거예요. (...)나는 순결도 증오하고 선도 증오해요. 어떤 곳에도 도덕이니 덕성이니 하는 것들이 존재하길 바라지 않아요. 나는 모든 사람들이 뼛속까지 썩기를 원해요. (178)

> 한 사람만 사랑하는 것이 아닌 무차별적인 단순한 욕망, 상대를 가리지 않는 동물적 본능, 이런 것들이야말로 당을 산산이 부숴버릴 수 있는 힘이었다. (178)

> 섹스는 사랑의 행위이기 전에 당에 일격을 가하는 정치적 행동이었다. (179)

윈스턴은 오세아니아를 지배하는 당의 외부당원으로 40여 평생을 살아오면서 철두철미하게 감시를 받아왔다. 집안에서마저 텔레스크린이 지켜보고 있다. 말을 할 수도 없다. 글을 쓸 수도 없다.

더욱 인간의 본능마저 무시당한 채 살았다. 결혼했지만 아내 캐서린은 섹스와는 무관한 여성이었다. 그런 그에게 한 여자가 눈에 들어온다. 줄리아라는 젊은 여성이다. 둘은 우여곡절 끝에 감시망을 피해 시골의 어느 숲속에서 만나 밀회를 나눈다. 그때 나온 두 사람이 나눈 대화가 위 내용이다.

윈스턴에겐 줄리아와의 섹스가 전체주의 사회 오세아니아에 대한 저항이었다. 그에겐 국가(당)가 요구하는 순결, 선, 도덕(...) 이런 모든 것이 저항의 대상이었다. 그렇다 보니 줄리아의 입에서 순결이란 말이 나오기보다, 그녀가 많은 남성과 경험했다는 말이 나오자, 동지를 만난 기분이었다. 거기에서 더욱 욕정을 느꼈다. 줄리아가 자기와 같은 사람으로 보였기 때문이다. 그러니 그녀와 섹스를 하는 것은 단순히 성욕을 충족시키는 것이 아니라 국가에 대해 일격을 가하는 정치적 행위였던 것이다.

전체주의 사회라도 지배할 수 없는 것은 인간의 마음

> 그들이 할 수 없는 일이 한 가지 있어요. 그들은 당신이 무엇이든 말하게끔 할 수는 있지만, 믿게는 할 수 없어요. 당신 속마음까지 지배할 수는 없으니까요. (줄리아)
> 그래, 당신 말이 맞아. 사람의 속마음까지 지배할 수는 없지. 만약 인간으로서 살아가는 게 가치 있는 일이라고 확신할 수 있다면, 비록 대단한 성과를 얻지는 못하더라도 그들

을 패배시키는 셈은 되는 거야. (윈스턴) (236)

설령 그들이 사람들의 말과 행동과 생각을 하나하나 적나라하게 파헤친다 하더라도 인간의 속마음까지 공략할 수는 없을 것이다. 왜냐하면 인간의 속마음은 자신이나 다른 사람이 어떻게 할 수 없는 신비로움 그 자체이기 때문이다. (236-237)

나는 이 부분이야말로 〈1984〉 전체에 있어 가장 중요한 부분이라고 생각한다. 위 윈스턴과 줄리아의 대화는 조만간 그들에게 닥칠 파멸을 예고하는 말들이다. 이 둘은 섹스를 하면서도 언젠가는 붙잡힐 것이라는 것을 예견하면서 불안해한다. 만일 그렇게 되면 고문을 받을 것이다. 극심한 고문 속에서 그들은 당이 원하는 자백을 하게 될 것이다. 이 둘은 그것을 예상한다.

하지만 이 둘은 자백하는 일이 있더라도 인간의 속마음은 당도 어쩔 수 없을 것이라고 말한다. 사랑하는 사람들이 어쩔 수 없이 고문을 받고 서로를 팔아넘길 수는 있지만, 둘의 사랑하는 마음까지는 뺏을 수 없을 것이니, 그러면 된 것 아니냐면서 서로를 격려한다. 만일 그 감정만이라도 지킬 수 있다면 인간은 완전히 파멸되지 않는 것이고, 희망은 있는 것이라고.

과연 윈스턴은 그 속마음을 지킬 수 있을까

> 자네가 우리한테 항복한다고 해도 그건 어디까지나 자네의 자유의지에 의해서 여야만 하네. (...)우리는 그들을 전향시켜 속마음을 장악함으로써 새사람을 만든다네. 그들이 지닌 모든 악과 환상을 불태워 버리고, 외양만이 아니라 그들의 마음과 영혼까지 우리 편으로 만드는 거지. (356)

윈스턴과 줄리아는 드디어 사상경찰에 의해 발각되어 체포된다. 이들이 앞으로 겪을 일은 혹독한 고문, 자백 그리고 반성이다. 윈스턴은 속으로 생각한다. 나를 고문하라, 나에게서 자백을 받아라, 그러나 나를 완전히 항복시킬 수는 없다. 나는 겉으로 항복할 뿐이다.

하지만 심문관 오브라이언은 위와 같은 말을 한다. 그들이 목표하는 것은 표면적 항복이 아니다. 속마음을 완전히 바꿔버려 자발적으로 빅 브라더의 명령을 받아들여야 하는 것이다. 과연 윈스턴이 이런 상황을 견뎌낼 수 있을까?

그는 버티고 버텼다. 아, 이젠 한계다! 그는 무너지지 않을 수 없었다. 줄리아를 부정했던 것이다. 마지막 고문을 받으면서 그것을 피하고자 그녀를 자기 대신 고문하라고 외쳤다. 이제 그는 더 이상 그녀를 사랑할 수 없게 되었다. 그는 그녀를 배신했고 빅 브라더에게 완전한 패배를 당한 것이다.

> 윈스턴은 빅 브라더의 거대한 얼굴을 올려다보았다. 그가 그 검은 콧수염 속에 숨겨진 미소의 의미를 알아내기까지 사십 년이란 세월이 걸렸다. 오, 잔인하고 부질없는 오해요! 오, 저 사랑이 가득한 품 안을 떠나 제멋대로 고집을 부리며 지내온 유랑의 삶이여! (...)투쟁은 끝이 났다. (...)그는 빅 브라더를 사랑했다. (417)

이 소설의 대미는 이렇게 장식된다. 마침내 그는 빅 브라더를 사랑한다고 고백한다. 사십 년 동안 그를 부정해 보려고 방황했지만, 그것은 쓸데없는 투쟁이었다는 것이다.

〈1984〉을 읽으면서 내게 가장 인상 깊었던 세 부분을 인용함으로써 이 소설의 내용을 간단히 정리해보았다. 윈스턴은 전체주의 사회에 저항했다. 그는 인간의 속마음은 전체주의 사회라도 어떻게 할 수 없는 것으로 생각했다. 하지만 그 생각은 틀렸다. 그가 경험한 전체주의 사회는 그것을 뛰어넘는 것이었다. 그것은 괴물이었고 그 손아귀에서 벗어난다는 것은 불가능한 일이었다. 바로 이것이 전체주의의 실상이다.

인권고전강독 11

자유로부터 도피하는 고독한 군중
-에리히 프롬의 〈자유로부터의 도피〉-

"자유는 근대인에게 독립과 합리성을 부여해 주었지만, 또한 근대인을 고립시킴으로써 마침내 그를 불안에 싸인 무력한 존재로 만들었다. 이와 같은 고립은 참을 수 없는 것이므로, 근대인은 자유라는 무거운 짐으로부터 도피하여 새로운 의존과 복종을 찾느냐 그렇지 않으면 인간의 독자성과 개성에 기인된 적극적인 자유의 실현을 위하여 전진해 가느냐 하는 양자택일의 상황에 직면하게 된다."(본문 명저)

왜 가난한 이들이 보수의 첨병이 되는가

나는 자주 궁금했다. 왜 가난한 이들이 보수의 앞잡이가 되는지. 지난 20여 년간 우리 사회가 70-80년대에 비해 민주화·자유화되었음은 부인할 수 없다. 교육수준도 높아졌다. 그럼에도 이해할 수 없는 것은 권위주의를 찬양하고 과거의 독재를 미화하는 사람들이 여전히 적잖게 존재한다는 사실이다. 여론조사를 하면 응답자 중 30%는, 어떤 상황에서도 흔들림 없이 권위주의 유산을 물려받은 정치세력을 지지하는 콘크리트 지지층인데, 내가 보기엔, 이들이 그들일 가능성이 크다.

흥미로운 사실은 이들 중 상당수가 경제적으론 빈곤층이라는 사실이다. 돈 많고 권력 있는 사람들만이 권위주의를 이어받은 정당을 굳건히 지지하는 보수층이 아니다. 어쩜 그보다 더 많은 지지자가 돈과 권력에서 소외된 계층에 뿌리를 두고 있다. 보통 빈곤층은 세상 바뀌는 것을 원할 것이므로 진보를 지지할 것 같은데, 우리의 실상은 그렇지 않다. 왜 그럴까?

어떻게 해서 연로하고 궁핍한 어르신들이 거리에 나와 자본을 대표하는 집단과 권위주의적이고 민주주의를 퇴보시키는 정치집단을 위해 데모를 할까? 왜 빈곤한 비정규직 노동자들은 진보의 전위대가 되지 못하고 보수의 사탕발림에 번번이 넘어가는 것일까. 나는 그게 궁금했다. 도대체 이런 사람들의 멘탈은 무엇일까? 여러분은 궁금하지 않은가?

에리히 프롬이 발견한 자유로부터 도피하는 인간

인간은 합리적이고 자유로운 존재인 것 같아도, 현실에선 제대로 그 자유를 누리지 못한다(후술하는 제13강 밀그램의 심리학 실험 참고). 이것은 자유를 누리는 데 있어, 인간 개개인에겐 심리적 장애기제가 있다는 것을 말한다. 따라서 우리가 자유로운 사회를 희망한다면, 교육을 통해 이런 장애기제를 뛰어넘을 수 있도록 부단히 노력하지 않으면 안 된다.

자유를 누림에 있어, 인간심리가 큰 영향을 끼친다는 것은, 밀그램만 말한 게 아니다. 그가 말하기 20년 전, 에리히 프롬도 자유를 심리학적 차원에서 접근해, 매우 통찰력 있는 주장을 한 바 있다. 그게 바로 그가 쓴 〈자유로부터의 도피〉(1941)라는 책이다. 이 책이 밀그램의 그것과 다르다면, 그것은 단지 개인을 중심으로 한 심리학책이 아니고, 이른바, 사회 전체를 대상으로 한, 사회심리학 책이라는 점이다.

프롬에 의하면, 인류는 역사적 흐름에서 특정 시기마다 자유라는 문제에 대해, 일정한 집단심리적 태도를 보였다고 한다. 20세기 그가 발견한 집단심리는 사람들이 자유를 적극적으로 누리지 못하고 '자유로부터 도피'하는 심리였다.

프롬이 이런 데에 관심을 가진 것은, 그의 인생 역정에서, 어쩜 필연이었을지도 모른다. 〈자유로부터의 도피〉를 강독하기 전에, 우선 그에 대해 알아보고, 그가 왜 이런 책을 썼는지를 생각해 볼 필요가 있다.

에리히 프롬(1900-1980)은 독일 프랑크푸르트의 한 유태인 가정에서 태어난 정신분석학자, 사회심리학자다. 그는 1930년대 소위 프랑크푸르트 학파의 한 일원으로 활동하다가, 1933년 히틀러가 집권하자 탄압을 피해, 미국으로 망명길에 오른다. 그를 평하는 논자들은, 그의 사상에 결정적인 영향을 준 사람으로, 마르크스와 프로이트, 둘을 꼽는다.

인간의 사회경제적 문제에선 마르크스로부터, 인간정신의 문제에 대해선 프로이트로부터 영향을 받았다는 것이다. 하지만 그는 이 두 사람의 사상을 단순히 종합한 것이 아니라, 새로운 차원의 '에리히 프롬 사회심리학'을 만들어냈다.

그가 독일에서 경험한 나치즘은 하나의 사회현상이었다. 독일은 근대 합리주의 철학을 만들어낸 철학의 고향이자, 인간의 정신과 자유가 최고로 고양된 나라다. 그런 나라가 세계 대전의 주역이 되어 수많은 사람을 희생시키고, 그 전화가 가시기도 전에 전체주의 정권이 들어서, 인권은 간데없고 수많은 유태인이 박해받는 상황이 되었다. 아무리 생각해 봐도 아이러니한 일이 아닐 수 없다.

이러한 현상을 무엇으로 설명할 수 있을까? 이것을 오로지 독재자 히틀러만의 책임으로 돌려야할까. 이런 현상에는 일반 독일 시민의 책임은 없을까. 프롬은 이런 현상의 원인을, 특정인만의 책임으로 돌리지 않고, 사회 구성원 전체의 심리에서 찾아낸다. 〈자유로부터의 도피〉(원창화 옮김)는 바로 이런 문제의식 속에서 집필된 책이다.

선택의 기로에 선 근대인

프롬이 발견한 근대인(여기서 말하는 근대인은 현대인과 다르지 않다)은, 고독한 존재로서 양자택일의 기로에서, 방황하는 인간이다. 근대인은 한편으론 자유를, 또 한편으로는, 고독함을 간직하며 산다. 이율배반적이지만, 수백 년간 서구사회가 이성을 찾아 근대성을 확립했고, 신에게서 해방되어 개인을 회복했지만, 그것들은 동시에 사람들로 하여금 고독감을 안겨주었다.

> 근대인에게 자유는 이중적인 의미를 가진다. (...)근대인은 전통적 권위에서 해방되어 '개인'이 되었지만 동시에 고립되고 무력해졌으며, 자기 자신이나 타인으로부터 분리되어 외재적인 목적의 도구가 되었다. (224)

이렇게 고독해진 근대인이 선택할 수 있는 것은 두 가지 중 하나다. 하나는 고독에도 불구하고, 인류가 성취해 온 자유를 최대한 끌어올리는 것이다. 적극적으로 자유를 누리자는 것이다. 또 따른 하나는, 고독함이란 짐에 굴복해, 새로운 도피처를 찾는 것이다. 그것은 인류가 자유를 포기하고 불합리와 비이성에 복종하는 것을 말한다.

> 자유는 근대인에게 독립과 합리성을 부여해 주었지만, 또한 근대인을 고립시킴으로써 마침내 그를 불안에 싸인 무력한 존재로 만들었다. 이와 같은 고립은 참을 수 없는 것이므로, 근대인은 자유라는 무거운 짐으로부터 도피하여 새로운 의존과 복종을 찾느냐 그렇지 않으면 인간의 독자성과 개성에 기인된 적극적인 자유의 실현을 위하여 전진해 가느냐 하는 양자택일의 상황에 직면하게 된다. (서문)

자유세계에서 벌어지는 전체주의의 광란을 생각해 보라. 지금 프롬은 나치즘과 파시즘을 신봉하면서, 독재자의 말 한마디에 죽고 죽는 군상들을 발견한다. 여기서 무슨 민주주의, 무슨 인권이 실현될 수 있겠는가. 이 집단광기 속에선 인류의 꿈인 자유로운 삶은 불가능하다. 이에 대해 프롬은 듀이의 말을 빌려 이렇게 말한다.

> 우리의 민주주의에 대한 심각한 위협은 외국에 전체주의 국가가 존재하기 때문이 아니다. 우리의 개인적인 태도와 제도 내부에 외국 여러 나라들에서 외적 권위와 규율, 획일성, 지도자에 대한 의존 등 파시즘이 승리를 얻게 한 조건들이 있다는 사실이 위협이 된다. 따라서 싸움터는 바로 여기 우리 자신과 우리의 제도 안에 있다. (10)

이런 상황에서 프롬은 이런 근본적인 의문을 던진다. 도대체 우리에게 자유에 대한 욕망이 있는가. 전체주의 사회를 보면, 인간에겐 자유에 대한 욕망보다 오히려 복종에 대한 본능이 있는 것처럼 보이지 않는가. 그렇지 않고서야 어떻게 히틀러와 같은 독재자에 대해 민중은 저렇게도 열광한단 말인가.

자유에 대한 본유적인 욕망 이외에 다른 사람에게 복종하려는 본능적인 욕구가 있는 것은 아닌가? 그런 욕구가 없다면, 오늘날 어떤 지도자에 대한 복종이 그렇게도 많은 사람들을 매혹시키는 현상을 어떻게 설명할 수 있는가? (11)

인간의 두 가지 본능

전체주의 사회에서 독재자들에게 열광하는 민중의 심리를 이해하기 위해선 인간의 본능을 심각하게 분석해 보아야 한다. 프롬은 두 가지 본능을 제시한다. 첫 번째 본능은 자기보존적인 욕구다. 이 욕구는 굶주림, 갈증, 수면욕과 같은 인간의 생리적 조직에 뿌리를 둔 욕구이다. 이러한 욕구는 어떤 상황에서도 만족을 얻어야만 하는 인간성의 한 부분이며 인간행동의 1차적인 동기를 형성한다. 그리고 이 욕구는 사회제도를 만나 인간 성격 구조를 결정한다.

> 인간의 살고자 하는 욕구와 사회제도라는 두 가지 요소는 원칙적으로 한 개인으로서의 인간에 의해 변경될 수 없으며 그것은 또한 보다 큰 유연성을 가진 다른 여러 특성들의 발달을 결정하는 요소이기도 하다. 따라서 경제 제도의 특성에 의해 한 개인에게 정해진 삶의 양식이 그의 성격 구조 전체를 결정하는 제1차적인 요소가 된다. (20-21)

프롬이 제시하는 두 번째 인간본능은 정신적인 것으로 인간과 인간의 관계에 대한 욕망이다. 생리적으로 제약된 욕구만이 인간본성의 절대적인 부분이 아니다. 그것은 신체적 과정이 아니라, 인간적인 삶의 양식과 관습의 본질에 근거를 두고 있는, 외부세계와 관계를 맺고자 하는 욕구, 고독을 피하려는 욕구이다.

이 단절감은 육체적 굶주림이 마침내 죽음으로 이어지는 것과 마찬가지로 정신적인 죽음으로 이어진다. 인간은 이 고독을 피하기 위해 비합리적인 관계를 맺는 것도 주저하지 않는다. 고독해서 죽는 것보다는 그게 낫기 때문이다.

> 외부세계와의 관계에는 고귀한 것과 그렇지 못한 것이 있지만 비록 가장 낮은 수준의 양식으로라도 관계를 맺는 일이 홀로 있는 것보다는 낫다. 부당하고 비천한 속성의 관습 또는 그런 신념과 마찬가지로 종교와 민족주의도 그것이 각 개인을 다른 사람들과 이어주기만 한다면, 인간이 가장 두려워하는 것, 즉 고독으로부터 피난처가 된다. (22)

인간은 타인이나 자연과의 원초적 일체성에서 벗어난다는 의미에서 자유롭게 되면 될수록(...)사랑이나 생산적인 작업의 자발성 안에서 외부 세계와 결합하든가, 그렇지 않으면 자유와 개인적 자아의 완전성을 파괴하는 외부 세계와의 유대에 의해 일종의 안전함을 구할 수 있을 뿐, 다른 선택의 여지가 없다. (24)

인간의 고독과 사회경제적 구조

프롬에게 있어 인간심리는 사회구조의 반영이기도 하다. 그런 면에서 그의 견해는 구조주의적이다. 인간의 외부환경이 결국 인간의 심리를 결정하는 데, 결정적 요인이라는 면에서 그렇다. 그는 인간이 르네상스 이후, 점점 개인으로서 개체성을 회복해 왔지만, 반면 사회경제적 구조 하에서의 인간은 그 이전보다 점점 불안해졌다고 말한다.

생각해 보라, 근대 이전의 세상을. 그 시절이 다 나쁜 게 아니었다. 그때는 영주가, 교회가 삶의 상당부분을 책임져 주었다. 비록 풍족하지는 못했지만 걱정은 없었다. 삶은 안정되었고 세상은 평화로웠다.

그런데, 근대의 자유란 스스로의 힘에 의해 일어서지 않으면 안 된다. 누구도 도와주지 않는 사회, 바로 그 사회가 자본주의 사회다. 이 체제 하에선 민중은 괴롭다. 그들은 노동을 하지만 그 결과는 자신의 것이 아니다. 여기서 불안은 시작된다.

　　이런 불안이 지속될 때 사람들은 그 것에서 벗어나길 원한다. 개인의 자유를 빼앗기는 한이 있어도 지속되는 불안 속에서 살고 싶지는 않다. 누군가가 이 불안을 잠재워줄 수 있다면 그게 악마의 손짓이라 할지라도 손을 잡을지도 모른다.

> 개체화의 모든 과정을 추진시켜 가는 경제적 사회적 정치적 조건이(...)개체성 실현을 위한 기초를 제공하지 않고, 그리고 인간들은 그들에게 일찍이 안전감을 부여해 주던 관계들을 잃는다면, 이러한 지연은 자유를 도저히 참을 수 없는 부담으로 만든다. 그렇게 되면 자유는 회의 그 자체가 되며, 의미와 방향을 상실한 삶이 되어버린다. 그리하여 이와 같은 자유로부터 벗어나, 비록 개인으로부터 자유를 빼앗는다 할지라도 불안으로부터의 구원을 약속하는 인간과 외부 세계에 대한 복종으로 이들과 어떤 종류의 관계를 맺음으로써 도피하고자 하는 강력한 성향이 생겨난다. (36-37)

종교개혁에 대한 열광은 고독 때문이었다

프롬은 근대인이 전체주의에 열광하는 것을 역사적인 맥락으로 진단한다. 그가 보기엔 이 현상은 과거 서구인들이 종교개혁에 대한 반응과 다르지 않다. 종교개혁은 르네상스가 서구인에게 준 반작용이었다는 것이다. 보통 르네상스에 대해, 우리는 '인간과 개인의 발견'이라는 의미를 부여한다. 이게 무엇인가. 중세 천 년 속에서 인간은 신에게 완전히 복속되었다. 인간은 신에게 절대적으로 복종했고 개인은 무의미했다.

그러다가 르네상스를 맞이하면서 자신을 돌아본 것이다. 나라는 개인은 더 이상 누구의 소유물도 아닌 자유로운 존재라고 자각했다. 르네상스인들은 이제 독립적으로 행동하며, 생각하는 자유를 가지고, 스스로의 주인이 되었다. 다른 사람의 명령에 의해서가 아니라 자신의 뜻대로 삶을 영위할 수 있게 된 것이다.

> 봉건사회라는 중세적 체제의 붕괴는 사회의 모든 계급에 걸쳐 중요한 의미가 있었다. 개인은 홀로 떨어져 고립되었다. 곧, 개인은 자유롭게 되었지만, 자유는 이중적이었다. 인간은 그때까지 누렸던 안정성과 더불어 의심할 바 없는 소속감을 상실했으며, 경제적 및 정신적으로 개인의 안전함에 대한 욕

구를 만족시켜 주던 세계로부터 분리되었다. 그 결과 개인은 고독과 불안에 사로잡혔다. (85)

프롬은 중세적 체제의 붕괴를 목격함과 동시에 르네상스인들의 고독 그리고 그 고독에 따른 복종의 심리를 발견한다. 종교개혁은 르네상스인들의 고독의 심리를 이용하여, 그 속으로 파고 든 일종의 권위주의였다는 것이다.

루터의 신에 대한 관계는 완전한 복종이었다. 심리학적인 관점에서, 신앙에 대한 그의 생각은 '만일 그대가 완전히 신에게 복종하여 자신의 하찮음을 인정하면, 전능하신 신께서는 기꺼이 그대를 사랑하여 구원할 것이고, 만일 결함과 의심뿐인 자아를 철저하게 제거해 버린다면, 그대는 비로소 그대 자신의 허무감으로부터 해방되어 영광스러운 신의 세계에 참여할 수 있을 것'이었다. (71)

불안해진 르네상스인들은 종교개혁이란 미명 하에 새로운 형태의 복종 및 비합리적인 활동을 감행하고 만다. 종교개혁을 통해 탄생한 신교(프로테스탄티즘)는 인간에게 자유를 허용하는 관용의 종교가 아니었다. 그것은 구교보다 오히려 더 인간을 옥죄는 복종의 종교였던 것이다.

> 새로운 종교(프로테스탄티즘)은(…)개인에게 불안을 극복하는 법을 가르쳐주었다. 자기 자신의 무력함과 인간 본성의 사악함을 철저하게 시인함으로써 전 생애를 속죄하는 과정으로 삼아, 극도의 자기비하와 끊임없는 노력으로써 비로소 회의와 불안을 능히 극복할 수 있다고 가르쳤다. (87)

자본주의 체제와 인간의 자유

서구인들에게 있어 종교개혁 이후 수백 년은 또 다른 해방을 위한 투쟁의 기간이었다. 이렇게 해서 탄생시킨 게 자유로운 자본주의 체제다. 하지만 이 자본주의는 겉으론 인간에게 자유를 준 것처럼 보이지만 다른 측면에선 인간을 고립시키고 무력하게 만들었다. 프롬은 이렇게 말한다.

> 자본주의는 단지 인간을 전통적인 속박으로부터 해방시켰을 뿐만 아니라, 인간의 적극적인 자유를 증대시켜 능동적이며 비판적인, 그리고 책임질 수 있는 자아를 성장시키는 데 막대한 공헌을 했다. (…)그와 동시에 그것은 개인을 더 한층 고립시킴으로써 개인들에게 하찮음과 무력감을 갖게 했다. (94)

그렇다면 이런 근대인에게 놓인 선택의 길은 무엇일까? 앞서 본 서문에서 보았듯이 근대인은 두 개의 길 앞에서 방황하고 있다. 근대인이 선택할 수 있는 하나의 길은, 이 자유를 적극적으로 밀고 나가, 진정한 해방의 길로 나가는 것이다. 근대인이 선택할 수 있는 또 다른 길은, 자유를 포기하고 다른 권위에 복종함으로써, 고독감을 극복하는 방법이다.

이런 선택의 기로에서 근대인은 어떤 길을 걸었는가? 나치즘에 열광한 독일을 어떻게 설명할 수 있을까? 망명자인 프롬의 눈엔 하나의 거대한 광기가 보였을 것이다. 그 광기는, 근대인들이 고독의 심리에서 강력한 권위에 항복하는, 과정이었다.

진정한 자유를 찾아

이제 이 책 〈자유로부터의 도피〉의 결론을 들어보자. 그럼, 근대인이 맞이한 이 광기에서 벗어날 수 있는 방법은 무엇이란 말인가. 도대체 방법 없이 속수무책으로 이 전체주의 손아귀에서 벗어날 수 없다는 말인가. 아니다, 분명이 길이 있다. 그것은 우리가 개인주의에 대해 확고한 신념을 갖고, 새로운 세상을 만들겠다는 의지에 달려 있다. 프롬의 말을 직접 들어 보자.

민주주의의 미래는 르네상스 시대 이후 근대사상의 이념적 목표였던 개인주의 실현의 정도에 달려 있다. 오늘날의 문화적이고 정치적인 위기는 개인주의의 범람에 있는 것이 아니라, 개인주의가 빈껍데기가 되고 말았다는 데 그 원인이 있다. 자유의 승리는 개인의 성장과 행복이 문화의 목표인 동시에 목적인 사회, 삶이 성공이나 그 밖의 어떠한 것으로 정당화될 필요가 없는 사회, 개인이 국가 또는 경제기구와 같은 자기 외부에 있는 어떤 힘에도 종속되지 않는 사회, 마지막으로 개인의 양심이나 이상이 외부 요구의 내재화가 아니라, 진정으로 그의 것이며 그의 자아의 특성에서 생겨나는 목표를 표현하는 그런 사회로 발달할 경우에만 가능하다. (225)

인류가 '자유로부터 도피'가 아닌 보다 더 '적극적인 자유'를 누릴 수 있기 위해, 프롬이 제시하는 결정적인 방법은, 사실 사회경제체제의 변화다. 지금과 같이 적자생존의 자본주의 체제 하에서, 인간이 경제에 종속되면, 사람들이 적극적으로 자유를 누려가며 사는 것은 불가능하다. 오히려 인간의 행복에 경제가 종속되도록 하고, 사람들은 사회과정에 능동적으로 참여하지 않으면 안 된다. 그래야만 인간은 고독감에서 해방되고 진정한 자유를 획득하게 된다는 것이다. 프롬이 이 책의 마지막에서 강조하는 게 바로 그것이다.

> 인간이 사회를 지배하고 인간의 행복이라는 목적에 경제기구를 종속시킬 때에만, 또한 인간이 적극적으로 사회과정에 참여할 때에만, 지금 인간을 절망-고립감과 무력감-으로 몰아넣는 상황을 극복할 수 있다. (…)모든 권위주의적 체제에 대한 승리는 민주주의가 후퇴하지 않고 공격태세를 취하여, 지난날 자유를 위해 싸운 사람들이 품었던 것과 같은 목표를 현실화하는 데까지 전진할 때에만 가능할 수 있다. (229)

그럼 도대체 프롬이 원하는 사회경제체제는 구체적으로 어떤 것을 말할까? 그는 그 체제를 구체적으로 제시하지는 않았지만, 나는 그게 사회민주주의체제일 거라고 짐작한다. 그는 경제에 종속하는 인간을 만들어내는 자본주의와 자유를 잃어버린 전체주의 체제를 비판했다. 그런 그가 선택할 수 있는 체제란, 자유가 존중되고 민주주의가 살아 있으면서 인간의 행복을 위해 존재하는 경제체제, 곧 사회민주주의 외에 무엇을 말할 수 있겠는가.

인권고전강독 12

근대이성의 실체,
복종적 인간의 탄생
-미셸 푸코의 〈감시와 처벌〉-

"이 기술의 요체는 강제 지배가 아니다. 통제되고 있는 사람이 통제되고 있다는 것을 감지하지 못하고 스스로 자기 의지를 토대로 통제된다. 아, 이렇게도 말할 수 있으리라. 자기의 내적인 욕망에 의해 스스로 순종적인 신민이 되어 권력의 그물코 속에 자기를 걸어두는 것이라고."(본문 명저)

푸코는 어려운 사람

2010년 10월 베이징에서 열린 인권대회에 참가했을 때이다. 중국이 인권대회를 주최하다보니 인권을 보는 시각이 참여자들 사이에서 첨예하게 대립되었다. 서구자본주의의 자유주의적 인권관과 중국식 사회주의 인권관이 충돌하는 장면을 목격했다. 한쪽에서는 최고의 인권으로 인간의 자유를 이야기하고, 다른 한편에서는 자유의 기초로서 사회적 구조를 이야기하고 있었다.

토론이 끝나고 캐나다에서 정치철학을 전공하는 한 교수와 이야기를 하다가 내가 미셸 푸코(1926-1984)에 대해 말했더니 자못 흥미롭게 내 말을 들었다. 그러면서 자신은 프랑스어를 하는 사람이라 푸코의 책을 원전으로 읽었지만 참 이해하기 어렵다고 말했다. 그의 책 어떤 것도 쉽게 이해되지 않는다는 것이었다.

나는 그 교수에게 당신은 프랑스어를 사용하면서도 그러니 나같이 프랑스어를 모르면서 그의 모든 책을 번역어로 읽어보는 사람은 어떻겠느냐고 하면서 웃었다. 내가 이 말을 하는 이유를 독자들은 이해할 것이다.

그렇다. 미셸 푸코는 본 고장 사람들도 어렵게 생각하는 인물이다. 그러니 그의 책을 읽으면서 머리가 쥐가 난다느니 혹은 내

지적 능력에 한계를 경험했다느니 하는 말은 하지 말라. 그 사람의 글, 어려운 것은 세상 사람들이 다 안다.

그럼에도 우리는 푸코에게서 무엇인가 얻기를 희망한다. 비록 그가 알쏭달쏭한 말을 했을지라도 분명 무엇인가 있다고 생각한다. 나도 그렇다. 그래서 그의 책이 어렵지만 읽고 또 읽어본다. 그의 이야기를 조금씩 이해하면 세상이 달리 보이는 것 같기 때문이다.

그는 우리가 사는 세상의 비밀의 창을 열고 들어가 조금씩 우리에게 진실을 보여준다. 그것을 볼 때마다 우리는 희열을 느낀다. 바로 그거야, 내가 알고 싶은 것이 바로 저거야, 하면서 박수를 보낸다. 그러니 조금 어렵더라도 푸코를 읽자. 그리하여 알려지지 않은 비밀의 문을 열고 들어가 세상의 진실에 다가가 보자.

푸코, 근대의 이성에 도전하다

푸코가 추구한 평생의 과제는 우리가 살고 있는 이 세계의 이성을 해체하여 그 본질을 규명하는 것이었다. 인간은 과연 자유로운 존재인가, 인간은 과연 이성적인 존재인가, 만일 그렇다면 왜 그 많은 부조리가 발생하는가, 죽고 죽이는 전쟁은 왜 일어나는가,

그것이 이성으로 설명가능한가. 푸코는 고개를 저었다. 계몽주의의 결과 인간의 이성은 찬양되었다. 그로 인해 인간의 존엄과 자유, 평등, 해방, 풍요가 약속된 것 같았다. 사람들은 역사가 진보한다고 믿었다. 그것이 바로 '근대'가 우리에게 약속한 유토피아였다.

그러나 푸코에겐 그러한 유토피아가 발견되지 않는다. 그에게 있어 근대는 오히려 인간의 자유를 억압하는 통제와 폭력 위에 설립된 건축물에 불과했다. 그는 이러한 근대 사회의 속성을 낱낱이 풀어헤치고 싶었다. 그것이 그가 그 어렵게 쓴 책들에서 관통하는 주제의식이다.

푸코는 주체적 의식의 소유자로서의 인간 존재를 부정한다. 이런 면에서 사르트르의 실존철학과는 크게 다르다. 실존철학은 인간의 자유의지를 존중한다. 자유의지가 있기 때문에 우리는 스스로 결단할 수 있고, 결단한 것에 책임을 져야 한다. 인간은 스스로 만들어 나가는 것이고 누구도 그것에 간섭할 수 없다. 누가 나의 인생에 간섭한다고 해도 종국적으로 그 인생의 책임자는 바로 '나'다.

이에 반해 푸코는 인간의 의식적 행위 너머에 존재하는 '구조'에 주목한다. 인간은 그 구조를 벗어나서 생각할 수 없는 존재이기 때문이다. 인간은 그 구조에 의해 만들어지는 것이지 결코 자유로운 존재가 아니라고 믿는다. 그런 면에서 푸코는 구조주의자다. 자신은 죽을 때까지 그런 말을 하지 않았지만 말이다.

감옥의 역사, 신체형에서 자유형으로

푸코의 여러 저작이 국내에 번역되었다. 그러나 어느 것 하나 읽기 쉬운 책이 없다. 번역의 문제도 상당하다. 도대체 읽고 읽어도 무슨 뜻인지 모르겠다. 그러나 〈감시와 처벌: 감옥의 역사〉(오생근 옮김)는 상대적으로 읽을 만하다. 해설서도 다수 나와 있으니 그 의미를 아는 데는 크게 어려움이 없다.

〈감시와 처벌〉은 다음과 같은 유죄판결문으로 시작한다. 매우 충격적인 예이다. 그대로 옮겨보자.

> 손에 2파운드 무게의 뜨거운 밀랍으로 만든 횃불을 들고, 속옷 차림으로 노트르담 대성당의 정문 앞에 사형수 호송차로 실려와, 공개적으로 사죄할 것, 다음으로 상기한 호송차로 그레브 광장에 옮겨진 다음, 그곳에 설치될 처형대 위에서 가슴, 팔, 넓적다리, 장딴지를 뜨겁게 달군 쇠집게로 고문

을 가하고, 그 오른손은 국왕을 살해하려 했을 때의 단도를 잡게 한 채 유황불로 태워야 한다. 계속해서 쇠집게로 지진 곳에 불로 녹인 납, 펄펄 끓는 기름, 지글지글 끓는 송진, 밀랍과 유황의 용해물을 붓고, 몸은 네 마리의 말이 잡아끌어 사지를 절단하게 한 뒤, 손발과 몸은 불태워 없애고 그 재는 바람에 날려버린다. (23)

이 판결은 실화다. 프랑스 부르봉 왕조의 루이 15세를 암살하려다 미수에 그친 다미엥이라는 사람에 대한 판결문이다. 프랑스 대혁명이 일어나기 전 18세기 후반에 일어난 일이다. 우리도 근대 이전에는 이랬다. 조선시대 대역 죄인에 대한 능지처참형이 바로 그것이다. 성삼문 등 사육신이 받은 형벌이다.

그러나 조선시대의 능지처참형이 다미엥이 받은 형벌에 근접했을까. 나는 그렇게는 보지 않는다. 유사하지만 프랑스 사람들이 우리 조상들보다 더 가혹했다. 서구인들의 과거 신체형은 우리의 상상을 넘는 공포 그 자체였다. 푸코는 이를 지극히 화려하고 호화스런 의식이라고 역설적으로 표현했다.

왜 이런 처벌을 내렸을까. 권력에 감히 도전하지 말라는 경고이다. 누구도 왕권, 권력에 도전하면 이런 처벌을 받을 것이라는 것을 보여줌으로써 민중의 반란을 미연에 방지하고자 했다. 권력을 유지하기 위한 극약처방이었던 것이다.

그런데 이러한 극악한 신체형이 18세기 후반 이래 감옥에다 범죄인을 감금하여 교정하는 자유형으로 바뀌었다. 범죄를 저질렀다 해도 이제 더 이상 신체에 손을 대지 않는다. 감옥이라는 공간에 감금한 다음 규율을 통해 교육하여 새로운 인간으로 만들어내는 것이 형벌의 목적이 되었다.

이것은 합리적 계산에 입각한 효과적인 징벌의 원칙을 적용한다는 것을 의미한다. 이 원칙을 자세히 들여다보면 여러 원칙이 있다. 이들 원칙 모두가 언뜻 보아도 매우 합리적이다. 첫 번째 원칙인 '양의 최소화 원칙' 하나만 보자.

> 범죄는 그것이 이익을 가져오는 것이기 때문에 발생한다. 범죄에 대한 그런 생각에, 그것보다 어느 정도 큰 형벌의 불이익을 결부시키게 되면 범죄는 저지르고 싶지 않은 행위가 될 것이다. (148)

가혹한 형벌을 신체에 부과하지 않아도 범죄인이 형벌의 불이익을 생각하여 범죄를 억제할 수 있을 정도면 형벌로서 충분하다. 오히려 그 이상의 처벌을 하려다 보면 범죄인은 완전범죄를 노릴지도 모른다. 범인 잡기만 어려워지고 범죄인이 권력을 농락하는 꼴이 된다. 그러니 이러한 원칙은 고도의 계산이 따른 것이다. 일종의 심리학이 동원된 것이다.

사람을 진짜 다룰 줄 아는 사람은 강압적인 물리력을 사용하는 것이 아니라 지적이고 관념적이어야 한다. 예컨대, 계량화를 통한 비용-효과분석을 형사정책에도 동원해야 한다는 것이다- 그것이 바로 합리주의적 사고가 아닌가. 이런 사고의 결과가 바로 신체형에서 감옥이라는 새로운 제도의 탄생으로 이어졌다.

규율의 실체, 국가가 신체를 통제하고 정신을 통제한다

새로운 감옥의 탄생은 단순한 형벌제도의 변화가 아니다. 푸코는 이 변화가 18세기 말부터 본격화된 인간과 사회를 합리적으로 관리하고 통제하는 '규율사회'의 건설이라는 측면과 밀접하게 관련된 것으로 본다.

감옥은 그 규율사회의 하나의 전형일 뿐이다. 푸코에 의하면 규율사회는 감옥뿐만 아니라 우리 사회 곳곳에서 발견된다. 학교, 병원, 군대, 공장 등 주요한 사회기관 모두는 알게 모르게 공통적으로 인간의 신체에 관한 과학적인 관리법을 적용하여 예속적이고 복종적인 인간을 만들어 내는 곳이다.

복종적인 인간, 푸코가 말하는 근대사회의 핵심은 바로 이것이다. 사회의 시스템은 우리들을 그 사회에 맞는 사람이 될 것을 요구한다. 사회가 필요로 하는 사람, 사회가 규격화한 사람만이 쓸모 있는 사람이다. 우리는 이러한 사람으로 키워지고, 그렇지 않으면 도태된다. 아니 어떤 때는 사회가 설정한 정상의 기준에서 일탈한 광인이 되어 사회의 쓰레기가 된다. '쓰레기가 되고 싶지 않으면 인간들이여 사회의 규율에 따르라.' 이것이 근대 사회의 핵심이다.

푸코가 관찰한 바로는 이러한 규율사회의 전형은 군인에서 시작되었다. 18세기 후반 탄생한 상비군인들은 과거와는 다른 오합지졸이 아니었다. 이들의 신체는 길러졌고, 만들어졌다. 그리고 이렇게 만들어진 신체에서 반항할 수 없는 인간이 탄생했다. 그의 이야기를 들어보자.

> 18세기 후반이 되자, 군인은 만들어지는 그 어떤 것이 되었다. 사람들은 틀이 덜 잡힌 체격, 부적격한 신체를 필요한 기계로 만들면서 조금씩 자세를 고정시켜 나갔다. 계획에 의거한 구속이 서서히 신체의 각 부분에 두루 퍼져나가 각 부

분을 마음대로 지배하여, 신체 전체를 복종시켜, 신체를 언제든지 마음대로 사용할 수 있게 한 것이다. 이러한 구속은 습관이라는 무의식적인 동작을 통해 암암리에 그 작용을 계속하게 된다. 요컨대 '농민의 몸가짐을 추방해'버리고, 대신에 '군인의 몸가짐'을 심어준 것이다. (204)

이런 시스템을 만들어가는 것을 푸코는 하나의 정치기술로 보았다. 이 정치기술은 단지 신체를 표적으로 강건한 인간을 만드는 것이 아니다. 그것은 분명 신체의 지배를 넘는 어떤 목적이 있다. 그럼, 그것이 무엇일까. 그렇다. 신체의 지배를 통해서 정신을 지배하는 것이 정치기술의 최종목적이다.

이 기술의 요체는 강제 지배가 아니다. 통제되고 있는 사람이 통제되고 있다는 것을 감지하지 못하고 스스로 자기 의지를 토대로 통제된다. 아, 이렇게도 말할 수 있으리라. 자기의 내적인 욕망에 의해 스스로 순종적인 신민이 되어 권력의 그물코 속에 자기를 걸어두는 것이라고. 우리는 스스로 기는 존재가 되어버린 것이다. 그것도 우리가 원해서 말이다.

푸코가 희망하는 사회, 진정한 자유를 위해!

우리들 대부분은 근대의 지식을 이성의 산물로 이해한다. 그러나 합리주의로 위장한 지식은 권력을 유지하는 수단에 불과할 수 있다. 근대 이전에 권력은 물리력을 행사하여 그것을 유지했지만 근대 이후에는 아주 근사한 지식과 교양에 의해 유지된다. 이제는 볼품없는 힘을 사용하여 인간을 지배할 필요가 없다. 우아한 지식을 가르치는 교육을 통해 사람들은 자연스럽게 통제된 인간으로 만들어지기 때문이다.

푸코의 시각으로 우리 교육을 보면 가슴 뜨끔해진다. 푸코의 주장에 대해 우리가 반론을 제기하기 위해서는 우리의 교육이 통제된 인간을 만들기보다는 창조적 인간을 만드는 데 도움이 된다고 이야기할 수 있어야 한다. 그런데 감히 그렇게 자신 있게 말할 수가 있는가.

하나밖에 없는 출구를 향해 한눈팔지 않고 달려가지 않을 수 없는 사회, 다양성보다는 획일을 강조하는 사회, 이견을 허락하지 않는 사회가 우리 사회가 아닌가. 이런 사회에서 우리는 스스로 순종형 인간이 될 것을 서약하고 권력의 하수인이 되어간다. 슬픈 군상이다.

푸코가 인간의 주체성을 부정했다고 해서 새로운 사회에 대한 희망마저 포기했다고 오해하지 말라. 그는 근대 사회의 본질적 속성을 가감 없이 파헤쳤을 뿐이다. 만일 그가 이런 작업을 통해 꿈꾼 사회가 있다면 그것은 진정 자유로운 사회다. 그것을 위해서 자유의 진정한 토대를 만들어 나가야 한다.

인권고전강독 13

당신은 독재자의 명령에 저항할 수 있는가

-스탠리 밀그램의 〈권위에 대한 복종〉-

"나는 옛날부터 의문이 있었다. 왜 사람들은 독재자의 그 말도 안 되는 명령에 복종하는가이다. 그 독재자가 힘이 센 것도 아니다. 그 독재자가 전지전능하기 때문은 더욱 아니다. 그도 연약한 사람이다. 나와 다를 바 없는 유한한 존재다. 그럼에도 왜 우리는 그 독재자의 말에 꼼짝하지 못하는가."(본문 명저)

제도만으론 인권은 실현되지 않는다

인권은 법률이 잘 만들어지고 사법제도가 잘 운용되면 제대로 누릴 수 있다고 생각하는가. 만일 그렇다면 세계의 대부분 나라는 인권문제가 없어야 한다. 그들 나라엔 인권을 보장하는 헌법이 있고, 그것을 실천하는 법률이 있으며, 괜찮은 사법 기구가 있기 때문이다.

하지만 어떤 나라든지 인권문제가 없는 나라는 없다. 결코, 인권은 제도로만 해결되는 게 아니라는 것이다. 그렇다면 인권이 제대로 구현되기 위해선 제도 이외에 어떤 게 필요한가. 사람의 마음, 사람의 의지다. 그것이 없다면 인권은 종국적으로 종이 위의 권리일 뿐이다.

이런 점을 중시한다면 인권 실현을 위해선 사람의 마음을 공부해야 한다. 인간이 어떤 존재인지 정확하게 알 필요가 있다. 과연 인간은 스스로 자유를 누리는 데 어떤 문제도 없는 존재인가. 인간은 왜 헌법에, 법률에 자유가 보장되어 있음에도 그것을 제대로 누리지 못하는가. 이 답을 찾는 것은 단지 인권에 관한 지적 호기심이 아니다. 그것은 인권을 더욱 더 깊이 이해하기 위한 불가결의 작업이다.

저항하지 못하는 인간 군상

나는 옛날부터 의문이 있었다. 왜 사람들은 독재자의 그 말도 안 되는 명령에 복종하는가이다. 그 독재자가 힘이 센 것도 아니다. 그 독재자가 전지전능하기 때문은 더욱 아니다. 그도 연약한 사람이다. 나와 다를 바 없는 유한한 존재다. 그런데도 왜 우리는 그 독재자의 말에 꼼짝하지 못하는가.

아돌프 아이히만을 아는가. 그는 제2차 세계대전 중 나치의 첨병으로 600만 유대인 학살의 선봉장이었다. 그가 문서 한 장에 사인할 때마다 수천의 유대인들이 독가스실로 옮겨져 죽어갔다. 그는 히틀러의 악명 높은 최후 해결책(final solution)의 충실한 집행자였다. 나는 이 사람에 대해서도 의문이 간다. 그는 악마였는가. 만일 그렇지 않았다면 그는 왜 히틀러의 명령을 거부하지 못했는가.

1980년 5월 광주. 수많은 사람이 민주화를 요구하며 광주 금남로 광장에 모였다. 여기에 무장한 계엄군이 들이닥쳤다. 수많은 민간인이 군의 발포로 유명을 달리했다. 광주의 비극이 시작되었다. 나는 여기에서도 의문을 품는다. 계엄군도 우리의 형제요, 자식인데, 어떻게 시민을 향해 발포할 수 있었을까. 왜 그들은 발포명령을 거부하지 못했을까. 군인이라는 이유만으로 정당화될 수 있을까.

사람들이 상식적으로 생각해봐도 도저히 용납할 수 없는 비합리적 권위에 복종하는 예는 무수히 많다. 만일 그런 권위에 직면했을 때 저항을 감행했더라면 세상이 어떻게 변했을지 모른다. 그러나 대부분 사람들은 그 권위에 도전하지 못한다. 아니, 오히려 그 권위의 철저한 도구가 되기도 하고, 어떤 경우는 그 권위의 자기 확신범이 되기도 한다.

그런데 한 가지는 확실하다. 세상 사람 모두가 이러한 권위에 맹목으로 복종했다면 우리는 지금도 노예제 사회에서 살고 있었으리라는 것을. 오늘날과 같이 민주사회를 만들 수 있었던 것은 노예사회 그리고 봉건 신분 사회에서 누군가가 저항했기 때문이다. 그 저항이 결국 견고한 사회의 권위를 무너뜨려 마침내 새로운 사회를 건설했다는 것은 의문의 여지가 없다. 그렇다면 그 저항은 어떻게 가능했을까.

〈권위에 대한 복종〉, 위대한 심리학 실험

이러한 의문점에 대해 깊은 통찰력을 주는 한 권의 책을 여기에 소개한다. 〈권위에 대한 복종〉(정태연 옮김)이라는 책이다. 이 책은 미국의 심리학자 스탠리 밀그램의 세기적 심리 실험에 기초한 책으로 정확히 위와 같은 의문에 답을 주고 있다.

밀그램은 심리학 역사상 가장 유명한 실험 중 하나를 하면서 인간의 복종 심리를 찾아냈다. 그는 실험을 통해 인간 대부분은 비합리적인 권위일지라도 그에 복종한다는 것을 밝혀냈고, 그럼으로써 인간사의 수많은 비극의 시원적 원인에 접근하는 데 성공했다. 물론 이러한 원인의 발견이 그러한 비극을 막는 것은 아니지만 말이다.

권위와 복종에 관한 실험은 어떻게 했을까

밀그램이 시도한 실험의 내용은 대충 이렇다. 기억과 학습이라는 연구에 참여하기 위해 두 사람이 심리학 실험실에 온다. 그중 한 사람을 '선생'으로, 그리고 다른 사람을 '학습자'로 명명한다. 실험자는 그들에게 처벌이 학습에 미치는 영향을 알아보기 위한 실험이라고 설명하고 나서 학습자를 실험실 방 안에의 의자에 앉히고, 과도한 움직임을 제어하기 위해 양팔을 의자에 묶은 다음, 전극봉을 그의 손목에 부착한다.

피험자인 선생은 실험자로부터 단어 쌍(예, '푸른 하늘'과 같이 두 단어가 하나로 묶인 단어)의 목록을 공부할 거라는 말과 함께, 틀릴 때(학습자는 위의 예의 단어에서, 선생이 '푸른'이라고 말하면 '하늘'을 답해야 함)마다 전기충격의 강도가 높아질 것이라는 말을 듣게 된다.

이 실험의 핵심은 선생 역을 맡은 사람의 반응이다. 그는 학습자가 묶여 있는 것을 본 후에 실험실로 들어가서 전기충격기라는 인상적인 기계 앞에 앉는다. 그 기계에는 15V에서 450V까지 15V씩 증가하는 30개의 스위치가 가로로 늘어서 있다. 그리고 스위치마다 '약한 충격'에서 '심각한 충격'까지의 범위에 속하는 스티커가 붙어 있다.

선생은 다른 방에 있는 학습자에게 학습 검사를 하게 될 것이라는 말을 실험자에게서 듣는다. 선생은 학습자가 올바르게 응답했을 때 다음 항목으로 옮겨가고, 틀린 답을 말할 경우에는 학습자에게 전기충격을 가해야 한다. 선생은 가장 낮은 단계(15V)에서 시작해서 학습자가 틀릴 때마다 30V, 45V 등의 순서로 전기충격을 높여야 한다.

이 실험에서 선생만이 진짜 피험자이다. 전기충격을 당하는 학습자는 실제로는 실험자 측의 고용된 연기자다. 실험자는 피험자인 선생에게 점점 더 심한 충격을 학생에게 가하라는 지시를 하게 된다. 이런 상황에서 피험자는 실험자의 지시에 따를 것인가, 따른다면 어느 정도까지 따를 것인가. 또, 거부한다면 어느 시점에서 실험자의 지시를 거부할 것인가.

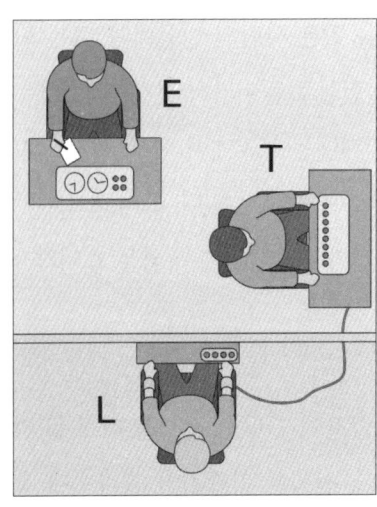

밀그램의 실험, E는 실험자,
T는 선생(피험자), L은 학습자

실험 결과, 그것은 복종의 심리였다

독자들은 위 실험에 대해서 어떻게 예측하는가. 피험자가 실험 중에 실험실 밖으로 뛰쳐나갈 것이라고 예상하는가. 밀그램은 실험을 시작하기 전에 많은 사람에게 실험 결과를 예측해달라고 부탁했다. 그들 중 상당수가 학습자가 처음으로 고통스러운 소리를 냈을 때 즉각 실험을 포기할 것이라고 예상했다.

그런데 말이다. 사실은 그렇지 않았다. 대부분의 '선생(피험자)'들이 실험자의 지시에 따라 조금씩 전기충격을 높여갔다. 밀그램의 이야기를 직접 들어보자.

> 놀라운 것은 (…) 실험자의 지시에 너무나 기꺼이 따른다는 점이다. 실제로, 실험의 결과는 놀랍고도 당혹스럽다. 많은 피험자들이 스트레스를 느끼고 실험자에게 항의를 하지만, 상당수의 피험자가 전기충격기의 마지막 단계까지 계속한다. (30)

전기충격을 받은 학습자가 아무리 고통스럽게 보여도, 그리고 아무리 풀어달라고 애원해도 많은(약 3분의 2) 피험자들이 실험자의 명령에 따라 전기충격기의 버튼을 누른다는 것이다. 그리고 이러한 실험결과는 후속적인 실험에서도 대부분 동일했다.

이 정도 되면 사람에겐 복종의 심리가 있다는 데에 동의하지 않을 수 없을 것이다. 사람들은 그 권위가 합리적이든 비합리적이든 간에 이를 따지지 않고 복종한다는 것이다.

복종의 본질은 무엇인가

그러면 무엇이 사람을 복종하게 하는가? 밀그램은 이 실험을 통해 다음과 같은 두 가지 인간 심리를 설명한다. 잘 들어보면 꽤 싱거운 이야기다. 그러나 평범함에 진리가 있는 법이다.

> 첫째, 피험자를 상황에 묶어두는 '구속요인들'이 있다. 그 요인은 피험자의 공손함이나 실험자를 돕겠다는 처음의 약속을 지키려는 소망, 그러한 약속의 철회가 갖는 어색함 등이다. 둘째, 피험자의 생각 속에서 일어나는 많은 순응적 변화가 권위자에게서 벗어나려는 결심을 방해한다. 그러한 순응은 실험자와 관계를 유지하는 데 기여하는 동시에, 실험상의 갈등으로 인한 긴장을 줄이는 데도 기여한다. (32)

첫 번째 말은 사람들이 약속한 것을 깨기 싫어하는 속성이 있다는 것이다. 당연한 이야기다. 약속을 쉽게 파기하는 사람들로 사회가 구성되면 그 사회는 오래 존속할 수 없다. 우리는 마음속에서 '약속은 지켜져야 한다'라는 주문을 항상 외운다. 약속을 지키는 것이 바로 사회가 요구하는 최소한의 규범이라고 굳게 믿고 있다.

사실 약속을 깨기 어려운 것은 깡패들도 마찬가지다. 깡패들의 의리도 따지고 보면 약속을 지키려는 심리에서 비롯된 것이다. 그 사회에서도 일단 그 구성원이 되면 약속, 곧 의리는 지켜져야 한다. 그것을 깨는 것은 깡패들에게는 너무나 어려운 일이다.

두 번째 말은 권위(자)에 대한 순응이 갈등을 최소화한다는 논리이다. 순응은 나로부터의 동기가 아니라 남, 정확히는 권위자의 동기에 나를 맞추는 심리이다. 이렇게 하지 않으면 갈등이 생기고 긴장이 조성된다. 사람들은 그것을 견디지 못한다. 좋은 게 좋은 것이다. 적당히 살자는 생각이 드는 게 바로 여기에서 나온다. 그것이 바로 복종의 본질이다. 밀그램은 다음과 같이 말한다.

> 실험자가 피험자에게 물 한 컵을 마시라고 지시했다고 가정하자. 이것은 그 피험자가 갈증이 난다는 것을 의미하는가? 분명히 그렇지 않은데 그는 단순히 들은 대로 하는 것뿐이다. 행위자의 동기에 부합하는 것이 아니라 사회적 위계 구조 안에서 더 높은 지위에 있는 사람들의 동기 체계로부터 시작하는 행동이 복종의 본질이다. (239)

아렌트의 '악의 평범성', 누구라도 거악의 주인공이 될 수 있다

1963년, 저명한 정치 철학자 한나 아렌트가 한 권의 책을 출판한다. 이름하여 〈예루살렘의 아이히만〉(김선욱 옮김)이다. 아렌트는 이스라엘의 정보기관 모사드의 공작에 의해 아르헨티나에서 체포되어 이스라엘로 압송된 아이히만의 재판을 방청한다. 많은 사람들은 수십만의 유대인들을 독가스실로 보낸 아이히만이야말로 가학적인 괴물 중의 괴물이라 생각했다.

그러나 아렌트가 예루살렘에서 본 아이히만은 그런 괴물이 아니었다. 놀랍게도 그는 책상 앞에서 자신에게 부여된 일을 너무도 성실하게 처리한 한 관료에 불과했다. 어디에서도 괴물의 모습은 찾을 수가 없었다. 이런 경험 끝에 그녀는 '악의 평범성(banality of evil)'이라는 유명한 말을 남긴다.

우리가 아는 거악이라는 것도 따지고 보면 평범한 한 시민의 일상적인 일로도 가능하다는 말이다. 그러니 거악을 저지르는 것이 별난 괴물에 의해서만 이루어진다는 생각을 버려야 한다는 것이다. 밀그램의 실험은 바로 악의 평범성을 사실로 확인한 셈이다. 이에 대해 밀그램은 이런 말을 한다.

> 피험자들의 행동에 대한 열쇠는 울분이나 공격성이 아니라, 그들이 권위자와 맺고 있는 관계의 본질에 달려 있다. 그들은 스스로를 권위자에게 위임한다. 즉, 스스로를 권위자의 소망을 실행하기 위한 도구로 생각한다. 일단 스스로를 그렇게 정의하고 나면 권위자와의 관계를 자유롭게 깰 수 없게 된다. (240)

이근안이라는 사람을 기억하는가. 제5공화국 시절 고문 경관으로 장안에 화제가 된 인물이다. 당시 주요 공안 사건에서 이 사람의 전기고문을 당한 피해자들이 많다. 그들의 증언에 의하면 이 사람은 악의 화신이었다. 그런데 말이다. 놀라운 일은 이 사람도 가정에서는 충실한 가장이었고, 존경받는 아버지였다는 사실이다. 아렌트의 악의 평범성이 세상 어디에서나 적용될 수 있는 예이다.

권위에 저항하라, 그들이 세상을 바꾼다

밀그램의 실험이 말하고자 하는 것은 권위에 대한 복종이 대부분 사람들의 보편적 심리라는 사실이다. 그렇다고 이 실험이 권위에 대해 복종하는 사람들을 정당화시키는 것이 아니다. 이 실험이 주는 진정한 의미는 불합리한 권위에 대해서 어떻게 저항할 것인가를 생각하게 한다는 점이다. 그러나 이 책은 그 답은 제시하지 못하고 있다. 그 답은 우리가 찾아야만 한다.

나는 권위에 대해 복종하는 것이 일반적인 인간 심리라는 데 동의하지만, 그런데도 세상은 복종하지 않고 저항하는 사람들이 있었기에 오늘날과 같은 민주적 사회가 가능했다고 생각한다. 비록 소수이지만 우리 중 누구는 복종의 흐름에서 이탈하여 자신의 길을 걸어왔다. 권위를 어기는 것에서 오는 온갖 삶의 어려움을 피하지 않고 당당하게 맞서는 사람들이 있기에 우리 사회는 희망이 있는 것이다.

오늘 우리에게 이렇게 묻고 스스로 답하자. 나는 불합리한 권위에 저항할 수 있는가? 물론이다. 나는 저항할 것이다!

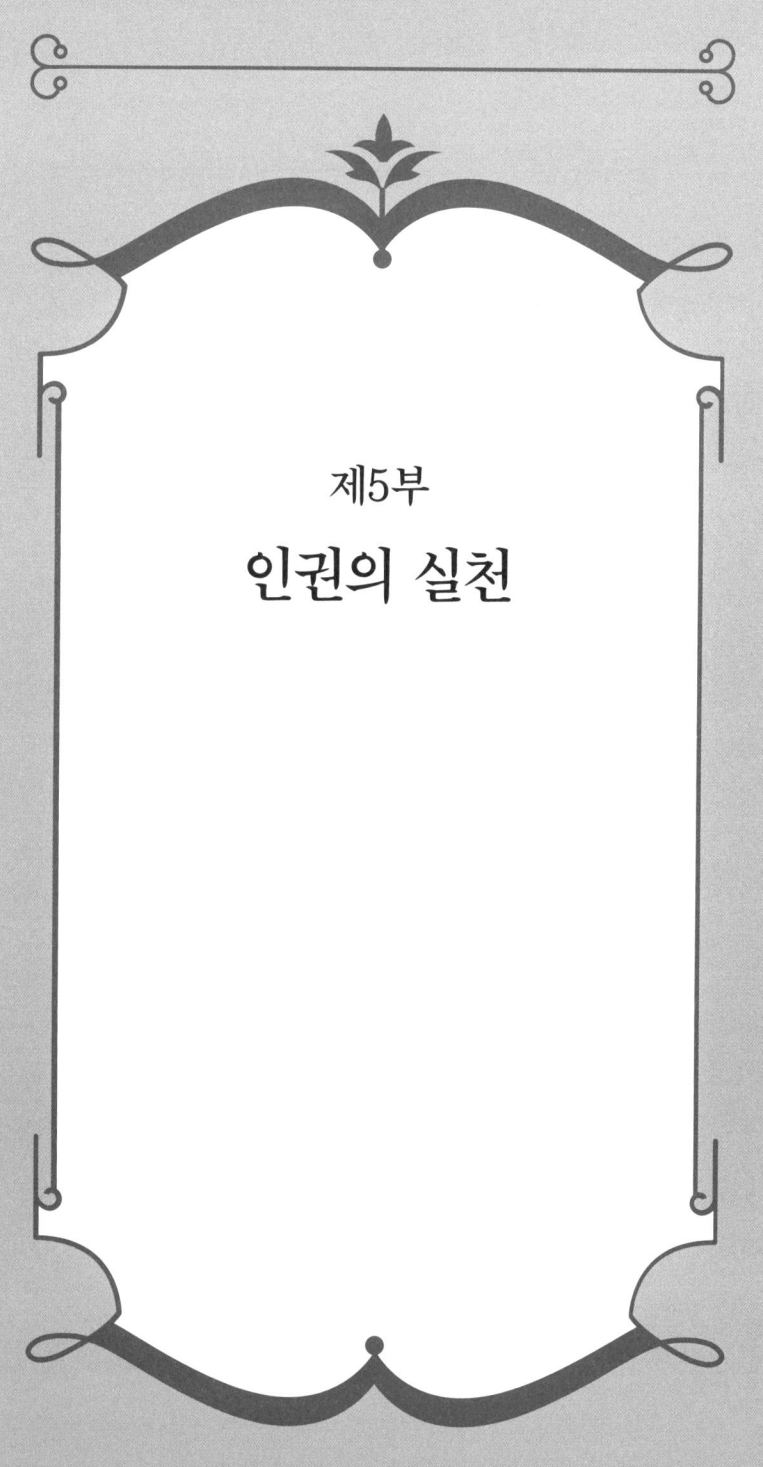

제5부

인권의 실천

인간의 자유에 대해 어떤 말을 한다고 해도 자유는 인간 그 자체의 문제라는 것에 동의하지 않을 수 없다. 인간이 자유를 누리는 것은 제도적 영향을 받는 것이지만 역사를 뒤돌아보면 사람들의 피나는 노력 없이는 그 어떤 것도 현실이 될 수 없음을 알아야 한다. 인간이 자유를 누리기 위해선 그것을 희구해야 하고, 그것을 얻기 위해 싸우지 않으면 안 된다.

인권고전강독 14

당신은 권리를 지키기 위해 무엇을 할 것인가

-루돌프 본 예링의 〈권리를 위한 투쟁〉-

"이 세상의 모든 권리는 투쟁에 의해 쟁취되며, 중요한 모든 법규는 무엇보다도 이러한 법규에 반대하는 사람들에 맞서 투쟁함으로써 쟁취된 것이다."(본문 명저)

만만치 않은 책, 〈권리를 위한 투쟁〉

내가 법대에 들어가서 법률 공부를 처음 시작했을 때 소개받은 책이 루돌프 폰 예링의 〈권리를 위한 투쟁〉이다. 도서관에 가서 책을 대출해 보니 책 두께가 의외로 얇았다. '야, 이것 별거 아니네. 한 두어 시간 투자하면 읽어보겠지' 하면서 책을 펼쳤다. 그런데 이게 무슨 일인가.

도대체 한 쪽도 그냥 넘길 수가 없었다. 번역도 문제가 있었겠지만, 문장 하나하나가 육중했다고나 할까, 글 자체가 내뿜는 엄청난 위력 앞에, 나는 주눅이 들지 않을 수 없었다. 법대 1학년 학생이 읽기에는 너무나 어려웠다. 결국 나는 이 책 읽기를 포기했다.

법대를 졸업하고 법률가의 길을 걸은 지 어느덧 40여 년이 되었다. 그사이 나는 몇 번에 걸쳐 이 책 읽기에 도전했다. 시중 서점에 4-5종의 번역서까지 나온 상태니 번역의 문제도 상당히 해소된 상태다. 그러나 여전히 이 책을 제대로 이해한다는 게 쉽지 않았다. 이 책을 꼭 읽고 소화를 하고 싶은데, 법조경력이 그것을 해결해 주는 게 아니었다. 이런 경험 때문에, 나는 독자들에게 〈권리를 위한 투쟁〉을 한번 읽어보라고 선뜻 권하질 못하겠다.

내가 학교에 온 지 어느새 17년. 나는 종종 교양과목을 통해 학부 학생을 만난다. 내가 직접 기획해 만든 '자유란 무엇인가'라는 교양과목을 통해서다. 이 강좌에서 나는 다시 한번 〈권리를 위한 투쟁〉(윤철홍 옮김) 읽기를 시도한다. 이번만큼은 제대로 이해할 것이란 기대를 걸고. 이하의 글은 바로 학생들에게 이 책의 핵심을 전달하기 위해 만든 강의안의 일부지만, 사실 나 자신을 위한 기록이기도 하다.

법학계의 프로메테우스 루돌프 본 예링

강독에 앞서 예링(1818-1892)이란 사람에 대해 간단히 알아보자. 예링은 19세기 독일이 낳은 최고의 법률가이다. 그는 민법학자였으며 로마법의 대가로 〈로마법의 정신〉이라는 대저를 남겼다. 바젤, 로스톡, 킬, 기센, 빈, 게팅켄 등에서 강의를 했는데, 그중 빈 대학에서의 강의는 특히 인기가 있었다. 수강생이 수백 명에 이르렀고 그중에는 러시아 황태자 레오 갈리친을 포함해 세 명의 황태자가 있었다. 갈리친은 예링을 가리켜 '법학의 불을 인류에게 가져다준 프로메테우스'라고 극찬했다.

〈권리를 위한 투쟁〉은 예링을 세계인들의 뇌리에 위대한 법학자로 각인시킨 그의 주저이다. 사실 이 책은 그가 본격적인 저술

활동으로 쓴 것은 아니었다. 1872년 빈대학을 떠나면서 법조 협회에서 강연을 한 것이 계기가 돼 그 강연내용을 소책자로 엮은 게 이 책이었다. 하지만 이게 예상 밖으로 공전의 히트를 쳤다. 여러 나라로 번역되어 나가 드디어 동방의 나라 대한민국까지 오게 되었으니 말이다.

1891년판의 서문을 보면 저자가 그때까지 외국에서 번역된 상황을 소개하고 있는데, 거기를 보면 일본에선 1886년 번역된 것을 알 수 있다. 그러니까 한국 사람들도 일제 강점기에 분명히 이 책을 읽었을 것이다. 식민치하에서 법학을 배우면서 이 책을 읽은 조선의 법학도들은 어떤 생각을 하면서 이 책을 읽었을까? 그들에게 있어 권리를 위한 투쟁은 어떤 의미가 있는 것이었을까?

법은 투쟁이다, 권리는 투쟁이다

예링이 〈권리를 위한 투쟁〉에서 우선 관심을 두는 것은 법과 권리의 본질이다. 그는 법과 권리란 애당초부터 투쟁의 산물이라는 것을 강조한다. 이 책의 첫 페이지는 이렇게 시작한다.

> 법의 목적은 평화이며, 평화를 얻는 수단은 투쟁이다. 법이 부당하게 침해되고 있는 한-그리고 세상이 존속하는 한 이러한

현상은 계속된다-법은 이러한 투쟁을 감수하지 않으면 안 된다. 법의 생명은 투쟁이다. 즉 민족과 국가권력, 계층과 개인의 투쟁이다. (37)

이 세상의 모든 권리는 투쟁에 의해 쟁취되며, 중요한 모든 법규는 무엇보다도 이러한 법규에 반대하는 사람들에 맞서 투쟁함으로써 쟁취된 것이다. (37)

예링의 이런 생각은 〈리바이어던〉에서 토마스 홉스의 그것과 유사하다. 홉스는 인간의 자기 보존 본능 때문에 자연상태에서는 사람들 간의 투쟁(만인의 만인에 대한 투쟁)이 있을 수밖에 없다고 했다. 전쟁 같은 투쟁을 막기 위해선 강력한 권력을 가진 국가가 필요했다. 국가를 통해 평화를 만든다는 생각이다. 그럼 국가는 무엇을 통해 평화를 만드는가? 바로 법이다. 예링은 바로 그것을 말하는 것이다. 법의 목적은 전쟁 같은 무질서를 질서의 상태, 곧 평화로 만드는 것이다.

위의 두 인용문의 의미를 새길 때 짚고 넘어가야 하는 것이 법과 권리의 관계다. 이 두 단어를 뜻하는 독일어는 재미있게도 recht라는 단어 하나다. 독일어에서는 법과 권리가 같은 말로 사용된다. 법이 권리요, 권리가 법이다. 그러나 이렇게 말하면 독일인이라도 그 뜻을 금방 이해하기 힘들 것이다. 좀 그 뜻을 분석할 필요가 있다. 예링도 이 책에서 이것을 논하고 있다. 그는 "recht는 객관적 의미의 법과 주관적 의미의 권리라는 두 가지 의미로 사용된다"고 하였다.

내가 법학을 공부할 때 선생님들 상당수가 독일 유학파였다. 이분들 입에선 수시로 저 이야기가 튀어나왔다. '주관적 권리, 객관적 의미의 법' 나는 저 말을 들을 때마다 고개를 갸우뚱했다. 도대체 저 말이 무슨 말인가? 세월이 흘러 나름대로 그 의미가 드러났다. 여기서 '주관적 권리'란 '개인의 권리'를 말하는 것이고, '객관적 의미의 법'은 개인의 권리가 모여 하나의 평형상태(질서상태)를 이루어 만들어 놓은 '규범'을 말한다.

이렇게 말하면 이 글을 읽는 독자는 이렇게 생각할 것이다. 저 말은 또 무슨 말인가? 내가 설명을 한다면서 더 어렵게 만든 것은 아닌가. 이럴 때는 한 가지 예를 드는 수밖에 없다. 우리의 대표적인 권리문서가 대한민국 헌법이다. 헌법에는 국민의 기본권이 규정되어 있다. 그중 한 조문만 보자. '헌법 제19조 모든 국민은 양심의 자유를 가진다.' 이 조문에서 우리는 두 가지를 읽을 수 있다. 하나는 개인의 권리(recht)인 양심의 자유다. 양심의 자유는 국민 모두의 개인적 권리(recht)이다.

이 조문에서 두 번째로 읽을 수 있는 것은 객관적 의미의 법(recht)이다. 저 조문은 개인의 권리만을 부여한 것이 아니고 하나의 객관적인 법질서를 말한다는 것이다. 그러니 대한민국 사회에서는 누구도 개인의 양심의 자유를 침해하는 행동을 해서는 안 된다. 왜냐하면, 그것이 우리의 법질서이기 때문이다. 다시 말하건대, 저 헌법 제19조는 두 가지 의미가 있다. 하나는 개인적 권리로서의 양심의 자유요, 둘은 객관적 법질서로서 양심의 자유를 침해하지 말라는 금지규범이다.

　　이런 이해 속에 위의 인용문을 다시 보면 법과 권리라는 단어를 필요에 따라서는 바꿔 읽어도 무방하다. 예컨대, "이 세상의 모든 권리는 투쟁에 의해 쟁취되며…"라는 문장은 "이 세상의 모든 법은 투쟁에 의해 쟁취되며…"라고 읽어도 된다는 것이다. 이렇게 함으로써 우리는 법과 권리의 의미를 좀 더 심층적으로 이해할 수 있게 된다.

> 권리는 단순한 사상이 아니라 살아 있는 힘이다. 그러므로 정의의 여신은 한 손에는 권리를 재는 저울을 들고 다른 한 손에는 권리를 관철시키는 검을 쥐고 있다. 저울이 없는 검은 적나라한 폭력에 지나지 않으며, 반대로 검이 없는 저울은 그야말로 무기력한 법일 뿐이다. (38)

이런 이해를 바탕으로 위 인용문도 읽어보자. 이것은 권리에 대한 이야기지만 권리 대신 법으로 읽어도 말이 될 것이다. 이렇게 말이다. '정의의 여신은 한 손에는 법을 재는 저울을 들고 다른 한 손에는 법을 관철하는 검을 쥐고 있다.' 내가 보기엔 여기에선 오히려 권리 대신 법으로 번역하는 게 더 자연스럽지 않았을까 생각한다. (이렇게 읽을 수 있으므로 이 책의 번역이 어려운 것이다. 번역자들은 이 책에 나오는 수많은 recht라는 단어를 순간순간 법이라고 번역할지 아니면 권리라고 번역할지를 결정해야 한다. 결코 쉬운 일이 아니다.)

여하튼 예링이 말하고자 하는 것은 법이나 권리는 그냥 생성·유지되는 것이 아니라는 것이다. 그것은 끊임없이 살아 숨 쉬는 생물과 같다. 그것은 쉼 없이 그들의 적들과 싸워 이겨 살아남아야 한다. 지금 법의 상태 아니 권리상태가 평화스럽다고 해서 그것이 영원히 평화스러운 것이 아니다. 순간순간 그 법적 상태를, 그 권리상태를 위협하는 요소가 있을 수 있다. 그럴 때 그것을 투쟁으로써 극복해야 한다. 그렇지 않으면 법도, 권리도 존재할 수 없다는 게 예링의 생각이다. 이런 그의 생각은 다음 두 인용문을 보면 더욱 정확해진다.

법이 들판의 식물과 같이 고통과 노력 없이 그리고 아무런 행위도 없이 자연적으로 형성된다는 생각은 확실히 낭만적인 관념, 즉 과거의 상태를 잘못 이상화하는 데 사로잡혀 있는 관념이다. (46)

법은 어느 민족들에게나 어떠한 수고 없이는 주어지지 않으며, 여러 민족이 법을 위해 노력하고 싸우고 투쟁하여 피를 흘려야만 하는 상황에서 민족과 법은 마치 출산할 때 어머니와 자식이 서로의 생명을 내거는 행위와 똑같은 내적 유대로 결합되어 있다. (47)

권리를 위한 투쟁은 의무다

이제까지 법과 권리의 속성인 투쟁에 대해서 말했다. 지금부터는 그 투쟁을 바라보는 우리 개인의 자세에 관해 알아보자. 즉, 권리자로서의 나 개인이 권리를 바라보는 태도가 어때야 할 것인가이다.

내가 과거 변호사 업무를 하면서 당사자를 대리하여 소송을 수행할 때 고민에 빠졌던 경우가 여러 번 있었다. 제일 어려웠던 게 소송의 이익이 없는 소송을 담당할 때였다. 언젠가 이런 일이 있었다. 어느 버스 운전기사가 내게 소속 회사를 상대로 하는 임금지급 소송을 맡겼다. 그런데 그 소송에서 이긴다 해도 회사로부터 받을 수 있는 돈은 고작 백만 원에 불과했다. 내가 그 사건을 무료로 해 주는 게 아니니 변호사 비용에 각종 소송비용을 고려하면 도저히 수지타산이 맞지 않았다.

그래서 내가 물었다. "이것 소송을 해서 이긴다 해도 원고가 가져갈 돈이 없습니다. 그래도 하겠습니까?" 뜻밖에도 그의 답은 단호했다. "저는 그래도 합니다. 이 소송은 돈이 목적이 아닙니다. 노동자들이 일하고도 임금을 받지 못하는 이 관행을 반드시 개선해야 합니다."

이런 경험을 했던 나에게 예링은 이렇게 말한다. 백수십 년 전 독일의 법률가들 사이에서도 나와 같은 고민이 있었던 모양이다.

> 피해자가 소송을 제기하는 까닭은 단순한 금전의 이익 때문이 아니라 오히려 침해받은 불법에 대한 도덕적 고통 때문이다. 그의 목적은 단지 소송물을 다시 찾기 위해서가 아니라(...)오히려 자기의 정당한 권리를 관철시키기 위해서다.
> (56)

나는 〈권리를 위한 투쟁〉이란 책에서 이 부분을 가장 중요하게 생각한다. 다른 부분은 몰라도 이 부분만큼은 학생들에게 반드시 놓치지 말 것을 당부한다. 우리가 권리를 포기하지 않고 그것을 위해 싸워야 하는 이유가 무엇인가를 설명하는 바로 이 부분 말이다.

그런데 한 가지는 오해하지 말아야 한다. 예링이 이런 말을 했다고 해서 그를 소송만능주의자로 봐서는 안 된다는 것이다. 그가 말하는 투쟁방법은 분명 법이 만든 절차, (대표적인 게) 소송을 말한다. 하지만 권리가 침해되었다고 해서 무조건 소송하라는 것은 아니다. 그가 말하는 권리를 위한 투쟁은 도덕적 생존조건으로서의 투쟁이다. 그게 무엇인가? 우선 그의 말을 직접 들어보자.

> 인격 그 자체에 도전하는 굴욕적 불법에 대한 저항, 즉 권리에 대한 경시와 인격적 모욕의 성질을 지니고 있는 형태로서의 권리 침해에 저항하는 의무다. 이것은 권리자 자신에 대한 의무다—이것은 도덕적인 자기 보존의 명령이며 또한 공동체에 대한 의무다—왜냐하면 권리의 실현을 위해서는 불법에 대한 저항이 필요하기 때문이다. (57)

권리를 위한 투쟁은, 누군가가 나의 인격 그 자체에 굴욕적 불법을 자행할 때, 이에 대해 저항하는 것이다. 그러니 굴욕적이라고 생각하지 않을 때는, 누군가의 행위 때문에 내 권리가 침해된다고 해도, 꼭 소송할 필요는 없다. 관용의 자세를 베풀면 그것은 미덕이 될 뿐이다. 그러나 누군가가 내 권리를 무시하고, 내 인격을 짓밟는 경우에도 저항하지 않으면, 그것은 안 된다. 그러한 경우에 투쟁으로 저항하는 것은 나에 대한 도덕적 자기보존의 명령이며 공동체에 대한 의무다.

이것은 국가 간에도 마찬가지다. 만일 이웃 나라가 국경지방의 아주 작은 땅을 침범했다 하자. 그것이 황무지나 마찬가지로 경제적 가치가 없는 땅이라도, 그 침범에 침묵하는 어느 민족이 있다면, 그 민족은 스스로 사형선고에 서명한 것이나 마찬가지다. 그는 이렇게 말한다.

> 이웃 나라에 의해 1평방마일의 토지를 아무 저항도 하지 못하고 탈취당한 민족은 종국에는 자기 토지라고 주장할 만한 것이 모두 없어지고, 국가로서 존립하기를 포기할 때까지 나머지 토지를 모두 빼앗기게 된다. 그러므로 이러한 민족은 그보다 더 나은 것을 기대할 자격이 없다. (55)

이것이 바로 우리가 일본에 대해 독도를 지켜야 할 명분이다. 독도는 우리에게 경제적 가치가 크기 때문에 지키는 게 아니다. 그것을 일본 주장대로 그냥 주는 순간 우리는 스스로 대한민국에 대해 사형선고하는 것이다. 그런 대한민국은 더는 발전을 기대할 자격이 없다는 게 예링의 생각이다.

예링은 권리를 위한 투쟁은 권리자 자신에 대한 의무임을 누누이 강조한다. 이것은 인간이 육체적 존재를 넘어 도덕적 존재로 인식할 때, 그 생존조건이다. 만일 우리가 권리를 위한 투쟁을 하지 못한다면 우리는 도덕적 존재로서의 생명을 포기하는 것이다. 그의 말을 다시 한번 듣고 이 글을 마친다.

> 권리를 위한 투쟁은 권리자 자신에 대한 의무다. 자신의 존립을 위한 주장은 생명을 가진 모든 피조물의 최고의 법칙이다. 모든 생물은 자기 보존 본능을 지닌다. 그러나 인간에게는 단순히 육체적 생활뿐만 아니라 도덕적 생존도 문제가 되며, 도덕적 생존의 여러 조건 가운데 하나가 바로 권리 주장이다. (57)

인권고전강독 15

국민이기에 앞서 인간으로 사는 삶
-헨리 데이빗 소로우의 〈시민의 불복종〉-

"우리는 먼저 인간이어야 하고, 그 다음에 국민이어야 한다고 나는 생각한다. 법에 대한 존경심보다는 먼저 정의에 대한 존경심을 기르는 것이 바람직하다. 내가 떠맡을 권리가 있는 나의 유일한 책무는, 어떤 때이고 간에 내가 옳다고 생각하는 일을 행하는 일이다."(본문 명저)

나는 국민이기에 앞서 인간으로 살고 싶다

이명박 정부 시절 국방부에서 시중 서점 어디에서도 볼 수 있는 책들을 금서로 정한 다음 군인들에게 읽지 못하게 하는 일이 일어났다. 이에 대해 뜻 있는 군법무관들이 그런 것은 헌법상의 사상·양심의 자유를 침해하는 것이라면서 헌법재판소에 헌법소원을 제기했다. 그런데 유감스럽게도 헌법재판소는 이를 기각했다. 결국, 국방부의 그런 조치가 대한민국 땅에서 허용된다는 것이다.

독자 여러분은 이에 동의하는가. 만일 동의한다면 더는 이 글을 읽을 필요가 없다. 그러나 절대로 동의할 수 없다고 생각한다면 이 글은 독자 여러분을 위한 것이다.

나는 위 사건을 보면서 이런 생각을 해보았다. '나는 국민으로 살 것인가, 인간으로 살 것인가.' 만일 당신이 어떤 책을 보고 싶은데 국가가 그 책을 불온도서로 규정했다 치자. 이때 그 책을 읽지 못하는 것이 당연하다고 생각하면 당신은 철저한 '국민'이다. 이런 사람은 국가가 읽지 말라는 책을 왜 읽느냐고 오히려 반문할지도 모른다.

그런데 또 이런 사람도 있다. 내가 책을 읽는데 국가의 승인을 왜 받아야 하냐고. 도대체 국가가 무엇이건대 책 읽는 일까지

참견하느냐고. 이런 사람은 책을 읽는 것은 전적으로 '나'개인의 일이지 국가의 일이 아니라고 생각한다. 바로 이 사람이 '인간'으로 살아가는 사람이다.

〈시민의 불복종〉이 나오기까지

이와 같은 문제에 좋은 성찰을 제공하는 한 권의 책을 소개한다. 헨리 데이빗 소로우가 쓴 〈시민의 불복종〉(강승영 옮김)이다. 소로우가 이 책을 쓴 시점은 미국이 멕시코와 전쟁을 하던 때(1846~1848년)이다. 이 당시 미국은 텍사스의 병합문제로 멕시코와 전쟁을 했고 그 결과 단 1,500만 달러로 텍사스, 뉴멕시코, 캘리포니아를 양도받았다. 소로우는 이 전쟁을 악한 전쟁으로 보았고 강력히 비판했다.

한편으로, 소로우는 노예제를 반대했다. 그는 이와 관련된 글, 〈자유의 호소(Herald of Freedom)〉를 콩코드 학파의 기관지 격인 《다이얼》에 기고했을 뿐만 아니라 노예제를 반대하는 강연을 하는 등 활동을 멈추지 않았다. 소로우는 〈월든〉의 배경이 된 호숫가 통나무집에서 사는 동안 콩코드 시내에 나왔다가 친구인 세금징수원으로부터 납세 독촉을 받는다. 그러나 노예제도와 멕시코 전쟁의 반대를 몸으로 실천하는 그는 세금 납부를 거부한다. 이러한 배경을 지닌 시민불복종이 처음 《미학(Aesthetic Papers)》에 게재되었을 때는 그 제목이 〈시민 정부에 대한 저항(Resistance to Civil Government)〉이었으나 그 후에 〈시민의 불복종(Civil Disobedience)〉이라고 고쳐졌다.

개인은 국가에서 어떤 존재인가

소로우는 이 책을 통해 국가와 개인의 관계를 본질에서 성찰한다. 그에게 있어 국가는 불가피한 존재라 할지라도 작으면 작을수록 좋다는 믿음을 가지고 있었다. 그의 책은 "가장 좋은 정부는 가장 적게 다스리는 정부"라는 말로 시작하는데 바로 이 말은 소로우의 국가와 정부에 대한 기본입장을 나타내는 말이다. 그는 "정부가 그 역할을 가장 잘 수행할 때는 곧 피통치자들이 간섭을 가장 적게 받은 때"라고 설명한다.

혹자는 이 말만 듣고서 요즘 유행하는 신자유주의와 연계시킬지도 모르겠다. 소로우가 자유주의 경제철학을 이야기했다고 말이다. 그러나 이는 완전히 오버다. 소로우는 그런 이야기를 한 적이 없다. 인간이 가지고 있는 본질적 자유를 누리는 데 국가의 불필요한 간섭을 거부한 것이지 불평등을 조장하는 자유주의 경제철학을 지지한 것은 결코 아니다.

그럼 소로우에게 있어 국가 속에서 살아가는 우리 개인은 어떤 존재이어야 하는가. 이에 대해 그는 웅변적으로 이렇게 말한다.

> 우리는 먼저 인간이어야 하고, 그다음에 국민이어야 한다고 나는 생각한다. 법에 대한 존경심보다는 먼저 정의에 대한 존경심을 기르는 것이 바람직하다. 내가 떠맡을 권리가 있는 나의 유일한 책무는, 어떤 때이고 간에 내가 옳다고 생각하는 일을 행하는 일이다. (13)

이 말은 국가의 법은 정의로워야 한다는 것을 의미한다. 그러나 만일 국가의 법이 정의롭지 못하면 그것에 따를 수 없다는 선언이기도 하다. 왜냐하면 우리는 국가의 도구도 수단도 될 수 없는 존엄한 존재이기 때문이다. 소로우는 인간의 존엄성에 대해 셰익스피어(존왕 3막 2장)의 다음과 같은 말을 소개한다.

> 누구의 소유물이 되기에는,
> 누구의 제2인자가 되기에는,
> 또 세계의 어느 왕국의 쓸 만한
> 하인이나 도구가 되기에는
> 나는 너무나도 고귀하게 태어났다. (16)

국가가 미쳐 돌아갈 때 어떻게 해야 하는가

소로우에게 있어 당시 미국은 미쳐가는 시기였다. 물론 많은 사람은 그렇게 보지 않았다. 당시 다수는 멕시코 전쟁을 지지하고 노예제도를 지지했다. 미국은 사람들에게 꿈을 주었으며, 사람들은 그 꿈이 실현된다고 믿고 있었다. 미국은 서부로 계속 뻗어나갔으며 드디어 태평양 연안국이 되었다.

1849년에는 캘리포니아에서 금이 발견되어 수많은 사람이 골드러시를 이루며 서부로 달려가는 시대였으니, 참으로 미국은 국운이 날로 성장하는 사회였다. 그러나 소로우에게 보이는 미국은 그런 나라가 아니었다. 미국은 국민의 6분의 1이 노예이고 멕시코를 침략한 불의의 나라였다. 이러한 정부에 대해 소로우는 이렇게 단호하게 말한다.

> 나는 노예의 정부이기도 한 이 정치적 조직을 나의 정부로 단 한 순간이라도 인정할 수 없다. (16)

그러니 소로우에게 있어 이런 정부에 대해 대항할 필요가 있었다. 그는 정의롭지 못한 행위를 내버려 둬서는 안 되며 정의롭지 못한 행위의 공범이 되지 않으려면 타협하지 말 것을 주장했다. 그는 정부에 대해 반대를 표시하는 가장 효과적이고 불가피한 방식은 정부를 부정하는 것이라 했다. 그렇다면 현실적으로 강고하고 폭압적인 정부를 상대로 어떻게 그 정부를 부정할 수 있을까.

그는 정의롭지 못한 정부와의 관계 단절을 주장한다. 정부에 대한 충성의 거부와 저항이 필요하다고 주장한 것이다. 비록 그 거절의 과정이 다수가 추구하는 것이 아니고 비록 소수일지라도 행동하라고 요구한다. 그리하면 언젠가는 그가 목표하는 그 양심적 결과가 일어나리라고 확신했다. 그는 그것을 이렇게 확신 어린 어투로 이야기한다.

> 나는 이것만은 알고 있다. 즉, 이 매사추세츠 주 안에서 천 사람이, 아니 백 사람이, 아니 내가 이름을 댈 수 있는 열 사람이라도 노예 소유하기를 그만두고 실제로 노예제도의 방조자의 입장에서 물러나며 그 때문에 형무소에 갇힌다면 미국에서 노예제도가 폐지되리라는 것을 말이다. (31)

그러한 행동을 하는 과정에서 정부가 나를 감옥으로 보낸다면 어떻게 할까. 소로우는 명예스럽게 그것을 받아들이라고 촉구한다.

> 사람 하나라도 부당하게 가두는 정부 밑에서 의로운 사람이

진정 있을 곳은 역시 감옥이다. (32)

노예의 나라에서 자유인이 명예롭게 기거할 수 있는 유일한 집이 감옥인 것이다. (33)

물론 이런 주장을 할 수 있는 사람들은, 이렇게 감옥이라도 갈 수 있는 사람들은 역사 이래로 소수이다. 사회적 소수가 다수를 상대로 싸울 때 사람들은 그들이 이해할 때까지 기다리라고 말한다. 그렇지 않으면 사회가 혼란해진다는 것이다. 그러나 소로우는 이에 대해 반대한다. 소로우에게 있어 사회 혼란을 막을 책무는 국가나 정부에게 있지 소수에게 있는 게 아니다. 소수는 정부에 대해 개혁을 요구해야 한다고 주장한다. 결코, 다수의 힘에 무력해져서는 안 된다고 역설한다.

소수가 무력한 것은 다수에게 다소곳이 순응하고 있을 때이다. (...)소수가 전력을 다해 막을 때 거역할 수 없는 힘을 갖게 된다. 의로운 사람들을 모두 감옥에 잡아 가두든가, 아니면 전쟁과 노예제도를 포기하든가의 양자택일을 해야 한다면 주 정부는 어떤 길을 택할지 주저하지 않을 수 없을 것이다. (33)

소수가 전력을 다해 정부에 대해 '그게 아니다'라고 하면 정부도 결국 돌아선다는 믿음을 말해주는 것이다. 소수자 전부를 감옥에 보낼 그런 정부는 도저히 민주정부라 할 수 없기 때문이다. 만일 그렇다면 그런 정부는 더 큰 시민의 저항권에 직면하게 된다. 프랑스 대혁명이 바로 그게 아닌가. 프랑스 인권선언 제2조를 기억하자. "모든 정치적 결사의 목적은 인간의 자연적이고 침해할 수 없는 권리를 보존하는 데 있다. 그 권리는(...)압제에 대한 '저항권'이다."

국가의 기능을 다시 생각한다

나는 기회가 있을 때마다 우리나라의 방향은 복지국가라고 했다. 누군가는 나의 이런 주장과 오늘 말하는 〈시민의 불복종〉에서의 인간으로서의 삶은 이율배반적 주장이라고 할지도 모르겠다. 왜냐하면, 복지국가는 국가의 기능이 강조되는 사회이기 때문이다. 복지국가는 작은 정부보다는 큰 정부를 지향하니 분명 소로우가 생각하는 것과는 차이가 난다. 자유주의자들은 그것 때문에 복지국가를 싫어한다고 말하기까지 한다.

이런 예상되는 지적에 나는 이런 이야기를 하고 싶다. 소로우가 말하는 것은 쓸데없이 국가주의 혹은 전체주의를 강조하지 말자는 것이라고. 국가가 경제적 평등을 위해 복지정책을 추구하면서도 얼마든지 국민에게 자유를 보장할 수 있다. 어떻게? 국가가 개인적인 사적 영역을 침범하지 않으면 된다. 국가가 개인의 사상 양심 및 종교의 자유를 침범하지 않으면 된다. 그런 것은 돈이 들어가는 것도 아니다. 그저 국가가 시민 생활에 간섭하는 것을 자제하면 되는 것이다.

마음만 먹는다면, 국가가 개인의 영역을 최대한 보장해 주고 그러면서도 개인과 개인의 연대를 법적으로 보장하는 복지정책을 추진하지 못할 리가 없다. 북구의 복지국가, 스웨덴, 덴마크, 노르웨이, 핀란드 등을 보라. 복지 수준도 세계 최고수준이고, 개인의 자유도 세계 최고수준이 아닌가. 우리라고 이 두 마리의 토끼를 잡는 게 불가능할까?

인권고전강독 16

나는 자유주의자다
-버트런드 러셀의 〈러셀 자서전〉-

"단순하지만 누를 길 없이 강렬한 세 가지 열정이 내 인생을 지배해왔으니, 사랑에 대한 갈망, 지식에 대한 탐구욕, 인류의 고통에 대한 참기 힘든 연민이 바로 그것이다."(본문 명저)

나는 버트런드 러셀(1872-1970)을 존경하고 사랑한다. 내가 그를 제대로 안 때로부터 '나는 러셀처럼 살다가, 러셀처럼 죽고 싶다'는 꿈을 간직해왔다. 그는 내가 사모하는 자유주의자의 표상이었다. 오늘 나는 그에 대해, 한 자유주의자에 대해, 그가 쓴 자서전을 기초로 이야기하고자 한다.

아래의 말은 오래전부터 독자들에게 꼭 하고 싶었던 것이다. 러셀이 보내는 메시지다. 나는 학기 초가 되면 다음과 같은 러셀의 말로 수업을 시작한다.

> 단순하지만 누를 길 없이 강렬한 세 가지 열정이 내 인생을 지배해왔으니, 사랑에 대한 갈망, 지식에 대한 탐구욕, 인류의 고통에 대한 참기 힘든 연민이 바로 그것이다. 《러셀 자서전(상)》, 서문)
>
> (Three passions, simple but overwhelmingly strong, have governed my life: the longing for love, the search for knowledge and unbearable pity for the suffering of mankind.)

이 말은 러셀이 나이 아흔이 넘어 쓴 〈러셀 자서전(상, 하)〉(송은경 옮김)의 서문에 나오는 첫 문장이다. 이 말을 듣고 감동하지 않는 사람이라면 인생을 좀 더 진지하게 살아보아야 할 것이다. 이 말을 듣고 전율을 느끼는 사람이라면, '그래 러셀처럼 살아보라', '당신과 이 나라에 희망이 보인다'라고 나는 감히 말하고 싶다. 금세기 미국의 지성이자 양심으로 불리는 노엄 촘스키가 있는 미국 MIT 연구실에도 러셀의 이 말이 붙어 있다고 한다. 촘스키는 말한다. 러셀의 세 가지 열정은 바로 자신의 좌우명이라고.

버트런드 러셀(Bertrand Russell)

러셀은 1872년 영국 웨일스에서 태어났다. 그의 조부 존 러셀은 백작이며 빅토리아 여왕 시절 두 번에 걸쳐 수상을 역임했다. 부모인 존과 엠벌리 부부는 러셀이 어린 시절 모두 사망했지만 당대의 대표적 자유주의자였다. 아버지는 〈자유론〉의 저자 존 스튜어트 밀의 제자이자 친구였고 어머니는 당대의 모든 철학자를 집으로 초청하여 대화를 즐겼다고 한다.

러셀은 케임브리지 대학 트리니티 칼리지에서 수학과 도덕철학을 공부했다. 그는 10년에 걸쳐 자신의 스승이자 친구인

화이트헤드와 함께 유클리드의 〈기하학 원론〉에 필적하는 〈수학의 원리〉을 출간했다. 제1차 세계대전이 발발하자 그는 반전운동에 가담했고 그로 인해 옥고를 치르기도 했다. 그 후 러셀은 철학자로서, 교육자로서, 문학가로서, 반전평화운동가로서의 삶을 살아간다.

러셀이 1945년 쓴 〈서양철학사〉는 서양철학의 흐름을 알려주는 걸작이고 이외에도 철학·수학·과학·윤리학·사회학·교육·역사·종교·예술에 이르는 다양한 분야의 책을 쉬지 않고 출간했다. 1950년대에는 핵 철폐운동에 혼신을 다했고 베트남 전쟁이 일어나자 미국을 비판하는 러셀 민간법정을 조직하기도 했다. 러셀은 1970년 2월 2일 98세의 나이로 영국 웨일스에서 사망했다.

연인에 대한 사랑, 그 열정을 갈망하자

내가 러셀을 좋아하는 이유 중의 하나는 그가 지극히 인간적이기 때문이다. 이것은 그가 사랑의 열정이 자신을 지배한 첫 번째 열정이었다고 하는 것에서 알 수 있다. 만일 러셀의 생애가 그 뛰어난 지성만을 보여주었더라면 나는 그를 존경하기는 했겠지만 사랑하지는 않았을 것이다.

러셀은 젊은 시절 빅토리아 여왕이 통치하는 영국의 귀족 집안에서 자랐다. 당시 영국 사회의 도덕률은 지금과는 사뭇 다른 것이었다. 인간의 본능은 중시되지 않았고 이성의 통제 대상으로만 생각되었다. 하지만 그것은 허위의식에 가득 찬 도덕관념에서 비롯된 것이었다. 이런 가운데서도 그는 본능에 기초한 남녀의 사랑을 강조했다. 자유연애를 지지했고 사랑하는 사람들 사이를 가로막는 어떤 가식도 허용하지 않았다.

도덕주의자들은 그가 몇 번이나 이혼하고 주변에 여러 연인을 거느린 것을 두고 부도덕한 사람이라고 몰아쳤지만 그는 인간의 사랑 감정은 그렇게 단순한 것도 아니고, 그렇게 단순한 도덕 기준에 의해 사라지는 것도 아니라 했다. 러셀은 연인과의 사랑이야말로 성인들과 시인들이 그려온 천국의 모습이라고 찬미했고, 연인과 나눈 그 짧은 사랑마저 세상의 무엇과도 바꿀 수 없는 소중한 것이었다고 고백했다.

> 사랑의 희열이 얼마나 대단한지 그 기쁨의 몇 시간을 위해서라면 여생을 모두 바쳐도 좋으리라 종종 생각했다. (《러셀 자서전(상)》, 서문)

그러나 이것은 기억하자. 러셀이 무분별한 자유연애주의자가 아니란 사실을. 그는 분명히 말한다. 연인 사이에 아이가 있는 경우 그 아이에 대한 책임은 무한한 것이라고. 그러니 책임 있는 사랑을 해야 한다고. 그리고 그는 말한다. 진정으로 가치 있는 성적 관계는 두 사람의 모든 인격이 융합하여 새로운 공동의 인격을 형성하는 관계라는 것을.

행복하게 서로 사랑하는 사람끼리의 깊은 친밀감과 굳센 일체감을 맛보지 못한 사람은 인생을 논할 수 없다. 우리가 긴 인생을 살 수 있는 것은 바로 그런 감정이 있기 때문이다. 러셀은 나이 아흔이 넘어 이것을 진실한 마음으로 고백한다. 일흔이 넘어 마지막 연인으로 만난 이디스(Edith)에게 러셀은 자서전의 첫 장에서 감동적인 시로 사랑을 표현한다.

이디스에게

오랜 세월
평온을 찾아 헤맸소.
인생의 환희도, 고통도 만났다오.
인간의 광기를 목도했고
고독함이 무엇인지도 알았소.
내 심장을 갉아먹던 그 외로움의 고통도 느꼈다오.
그러나 나는 결코 평온을 발견하지는 못했소.

이제, 나, 늙고 갈 날이 얼마 남지 않았는데
당신을 알아
인생의 환희와 평온을 찾았다오.
그리고 쉼을 얻었소.
그토록 외로운 세월 끝에
인생이, 사랑이 무엇인지 드디어 알았다오.
나, 이제 잠든다 해도
여한은 없을 것이오.

(《러셀 자서전(상)》, 첫머리, 이 시는 내가 직접 번역했다. 번역서에 실린 것으로는 러셀의 마음을 제대로 느낄 수 없었기 때문이었다.)

죽기 전에 우리도 이런 시를 쓸 수 있다면 얼마나 좋을까. 그러니 이런 시를 바칠 수 있는 연인이 있다면 정녕 감사하라. 이런 연인이 없다면 어딘가에 있을 그 연인 찾기를 쉬지 말라. 참으로 아름다운 사랑의 열정이 우리 삶의 원동력이라는 것을 잊지 말라.

별이 빛나는 이유를 알고 싶은가

러셀을 존경할 수밖에 없는 두 번째 이유는 그의 진리추구에 대한 열정 때문이다. 누구나 진리추구를 이야기한다. 그러나 그것은 왠지 의무감에서 나오는 소리로 들린다. 내게 큰 공감으로 다가오지 않는다. 그런데 러셀은 다르다. 그는 어린 시절, 기억도 나지 않는 그 시절부터 이런 고백을 해왔다.

> 나는 사람들의 마음을 알아보고 싶었다. 하늘의 별이 왜 반짝이는지 알고 싶었다. 그리고 삼라만상의 유전 너머에서 수들이 힘을 발휘한다고 설파한 피타고라스를 이해해 보고자 했다. 《러셀 자서전(상)》, 서문

러셀은 어린 시절부터 호기심이 많았다. 그 호기심은 단순한 것이 아니었다. 그는 항상 본질적인 것을 추구했다. 드러난 것 이면

에 있는 그 무엇인가를 알고자 했다. 그것이 바로 러셀을 당대 최고의 수학자로 만든 원동력이었다.

〈수학의 원리(Principia Mathematica)〉는 본질적인 것을 수로써 풀어보고자 하는 러셀의 꿈을 그린 책이다. 그것은 뉴턴이 만유인력을 기술한 〈프린키피아〉에 도전하는 또 다른 '프린키피아'(원리)였다. 그는 이 책을 그의 스승이자 친구인 화이트헤드와 함께 썼는데 무려 10여 년에 걸친 각고의 노력 끝에 완성했다. 그는 자서전에서 이 책을 쓰는 데 얼마나 어려웠는지, 그리고 그것이 얼마나 대단한 작업이었는지를 이렇게 회고했다.

> 1907년에서 1910년까지, 나는 1년에 8개월 정도 매일 10시간에서 12시간씩 작업을 했다. 원고가 점점 방대해지자 산책길에 나설 때마다 집에 불이 나 원고가 타버리지 않을까 염려하곤 했다. (…) 마침내 그것을 대학 출판부로 옮겨가게 되었을 때, 양이 얼마나 엄청났던지 낡은 4륜 마차까지 대령시켜야 했다. 《러셀 자서전(상)》, 269)

그의 지적 탐구는 나이 마흔을 넘기면서 철학으로 이어진다. 수학으로 해결할 수 없는 인간과 자연의 본질에 대한 그의 진리탐구는 우리가 영원한 명저로 이야기하는 〈서양철학사〉에서 볼 수 있다. 1,000여 쪽에 이르는 그 방대한 책을 보고 있노라면 한 인간의 지적 깊이가 얼마나 대단한지 경탄하지 않을 수 없다.

그는 철학의 세계를 '신학과 과학 사이에 자리 잡고 양측의 공격에 노출된 채, 어느 편에도 속하지 않는 무인지대'라 정의하고 2,000년 철학의 역사를 유려한 필치로 그려나갔다. 그는 어떤 대철학자에 대해서도 결코 주눅이 드는 법이 없었다. 칸트마저 러셀에게는 위대한 철학자가 될 수 없었다. 서양철학 전체를 뚫어 보는 혜안이 있었기에 가능한 러셀만의 자신감이었다.

자유주의자란 어떤 사람인가

러셀의 진리추구는 그를 철저한 자유주의자로 만들었다. 어떤 것도 그 앞에서는 권위가 될 수 없었다. 그는 어떤 상황에서도 절대적인 사상에는 머리를 저었고 자신의 이성을 믿으며 책임 있는 행동을 강조했다. 그럼, 그가 추구한 자유주의란 무엇일까. 그는 자유주의자 십계명이라는 글로 이것을 정리한 적이 있다. 이 중 나의 가슴을 치는 몇 가지만 소개해보자.

1. 어떤 것을 절대적으로 확신하지 말라.

(…)

4. 반대에 부딪힐 경우, 설사 반대자가 당신의 아내나 자식이라 하더라도, 권위가 아닌 논쟁을 통해 극복하도록 노력하라. 권위에 의존한 승리는 비현실적이고 실체가 없기 때문이다.

5. 다른 사람의 권위를 존중하지 마라. 그 반대의 권위들이 항상 발견되기 마련이니까.

(…)

7. 견해가 유별나다고 해서 두려워하지 마라. 지금 인정하고 있는 모든 견해들이 한때는 유별나다는 취급을 받았으니까.

(…)

9. 비록 진실 때문에 불편할지라도 철저하게 진실을 추구하라.

10. 바보의 낙원에 사는 사람들의 행복을 절대로 부러워하지 말라. 오직 바보만이 그것을 행복으로 생각할 테니.

《러셀 자서전(하)》, 286-287)

러셀의 진리추구에서 중요한 것은 철학 자체의 지적 탐구가 아니었다. 중요한 것은 철학 하는 자세였다. 우리나라에 흔히 철학 교수는 많은데 철학자는 없다고들 한다. 우리에게 철학 하는 자세가 부족하다는 말이다. 러셀은 누구나 철학자가 될 수 있다고 말한다. 철학 하는 자세를 가지면 되기 때문이다. 그러니 독자들이여, 본질을 보라. 본질을 꿰뚫어라. 그것을 위해 고뇌하라. 그것이 바로 진리를 추구하는 자세일지니.

인류의 고통에 대한 참을 수 없는 연민

사랑과 지식은 나름대로의 범위에서 천국으로 가는 길로 이끌어 주었다. 그러나 늘 연민이 날 지상으로 되돌아오게 했다. 고통스러운 절규의 메아리들이 내 가슴을 울렸다. 굶주리는 아이들, 압제자들에게 핍박받는 희생자들, 자식들에게 미운 짐이 되어 버린 의지할 데 없는 노인들, 외로움과 궁핍과 고통 가득한 이 세계 전체가 인간의 삶이 지향해야 할 바를 비웃고 있었다. 《《러셀 자서전(상)》, 서문)

러셀의 위대한 업적은 바로 세 번째 열정인 인류의 고통에 대한 참을 수 없는 연민으로 나타난다. 그는 감옥에도 갔다 왔다.

그는 양심범이었다. 백작이었던 러셀이 어찌하여 그런 고통을 스스로 선택했는가. 제1차 세계대전이 일어나자 그는 반전평화운동에 뛰어든다. 무의미한 전장에서 죽어가는 젊은이들을 대신하여 병역에 반대하는 글을 쓴다.

이렇게 하여 그는 고난의 길을 선택한다. 제2차 세계대전이 미국의 가공할 원자폭탄으로 끝을 맺자, 그는 핵 철폐운동을 주도한다. 아흔이 넘은 나이에도 그의 활동은 멈추지 않았다. 베트남 전쟁이 일어나자 그것은 인류의 양심에 반한 전쟁이라 선언하고 세계의 양심을 모았다. 이름하여 '러셀 민간법정'이다. 그는 이 법정을 통해 이 전쟁에 책임 있는 자들에 대해 전범의 딱지를 붙인다.

이런 삶은 참으로 쉽지 않다. 어린 시절 그는 끝이 보이지 않는 숲을 가진 대저택에서 자라났다. 현직 수상이 저택을 방문하여 자고 가는 그런 집안이었다. 그의 할아버지는 수상을 두 번이나 지낸 분이고 아버지는 자유론의 저자인 존 스튜어트 밀의 제자이자 친구였다. 그의 어머니는 당대의 최고 철학자들을 집안으로 초대해 대화를 나누었다. 이런 가문에서 배출된 그가 귀족의 영화를 누리지 않고 인류의 고통에 대해 참을 수 없는 연민을 갖고 산 것을 단순히 '노블레스 오블리주'정신을 실천했다는 것으로 설명하기는 어려울 것이다.

수년 전부터 강남좌파라는 말이 유행한다. 경제적으론 가진 자 계층에 속하지만, 진보적 성향을 가진 지식인을 일컫는 말이다. 조금은 비꼬는 말로도 들리지만, 나는 제대로 된 강남좌파가 이 사회에 필요하다고 믿는다. 비록 가난한 사람 입장에서는 넘을 수 없는 장벽을 느끼겠지만 언제나 가슴을 열고 민중에게 다가가는 지식인, 비록 자신의 모든 것을 던지지는 못하지만—그것까지 다 내놓으라고 하면 너무 가혹하지 않은가—참된 인생의 길을 나보다 어려운 사람과 더불어 가고자 하는 사람, 그런 강남좌파가 많으면 많을수록 좋겠다. 러셀을 보면서 느끼는 바람이다.

러셀의 비전이 우리의 비전으로

나는 간단하게나마 러셀의 삶을 그의 자서전을 통해 전달해보았다. 독자들이여, 러셀의 생애가 어찌 보이는가. 러셀의 비전이 우리 우리들의 비전이 될 수는 없을까. 그리할 수 있다면 이 나라, 대한민국은 분명 행복한 나라가 될 것이다.

> 나는 개인적으로나 사회적으로나 비전을 좇아 살아왔다. 개인적으로는 고귀한 것, 아름다운 것, 온화한 것을 좋아했고, 더욱 더 세속화된 시대에 지혜를 줄 수 있는 통찰의 순간들

을 두고자 했다. 사회적으로는 개인들이 거리낌 없이 성장하는 사회, 증오와 탐욕과 질시가 자랄 토양이 없어 죽어버린 사회의 탄생을 그렸다. (《러셀 자서전(하)》, 563)

바로 이것이 '사랑으로 고무되고 지식으로 인도되는 삶'을 살아온 러셀의 비전이다. 이것이 내가 바라는 삶의 방향이다. 러셀이 살아온 것처럼, 나도 자유주의자로서의 길을 걸어갈 것이다. 나는 자유주의자다!

인권고전강독 17

인류의 이름으로 단죄하는 국제범죄의 기원

- 필립 샌즈의 〈인간의 정의는 어떻게 탄생했는가〉-

"저는 사형제도에 반대합니다.""다만 제 아버지 경우만 제외하고요"(...)니클라스는 그의 재킷 가슴 주머니에 손을 넣어 작은 종이들을 꺼냈다. "그는 범죄자였습니다."그는 조용히 말하며 종이 중에서 낡고 바랜 작은 흑백사진을 골라냈다. (...)교수형이 집행되고 몇 분 후 촬영한 생명이 없는 그의 아버지 시신이 간이침대에 뉘어져 있었다. 그의 가슴에 라벨이 놓여져 있었다. "매일 이것을 봅니다."니클라스가 말했다. "그가 죽었다는 것을 상기하고 확인하기 위해서요."(본문 명저)

법률전문가들도 모르는 인도에 반한 죄와 집단살해죄

법률전문가들이라고 해도 우리나라에 인도에 반한 죄(Crimes Against Humanity)와 집단살해죄(Genocide, 제노사이드)란 범죄가 법률에 규정되어 있다는 사실을 아는 이가 많지 않을 것이다. 법은 있지만 한 번도 이 범죄가 우리 사회에서 문제되어 적용된 예가 없기 때문이다. 그러나 분명 우리나라엔 이런 범죄를 규율하고 있는 법률이 있다. 이 법률에 정한 범죄는 일반적인 형사범죄와 달리 공소시효가 적용되지 않는다. 범죄가 발생한 후 아무리 오랜 세월이 지나도 범죄자가 살아 있는 한 처벌이 가능하다. 또한 이 법률에서 정한 범죄에 대해선 보편적 관할권(universal jurisdiction)이 있어 우리나라나 우리 국민과 전혀 관계없는 나라에서 발생해도 우리나라 법정에서 처벌이 가능하다.

이 법률이 바로 2007년 제정된 '국제형사재판소 관할 범죄의 처벌 등에 관한 법률'이다. 만일 이 법률이 일찍이 제정되었더라면 YS 정권 하에서 5.18 광주민주화운동을 유혈 진압한 전두환 등을 이 법률로 처벌했을지 모른다. 당시 전두환 등은 공소시효가 소멸되었다고 하면서 자신들의 처벌을 완강히 저지하고자 했다. 결국 특별법을 만들어 공소시효 문제를 피해 처벌은 했지만 그 법률의 위헌논쟁은 한동안 지속되었다.

우리 역사에 큰 상처를 준 4.3 사건이나 한국 전쟁 중에 발생한 수많은 양민학살 사건도 마찬가지다. 모두 국가에 의해 자행된 살육행위로 '인도에 반한 죄'의 범주에 속하지만, 어느 한 사건도 책임자를 제대로 처벌하지 못한 채 수십 년 시간을 보냈다. 진실이 밝혀진다고 해도 이미 공소시효가 지나 처벌할 수 있는 방법이 없다. 그러나 바로 저 법률이 정부 수립 즉시 제정되었더라면 상황은 달라졌을 것이다. 진실이 밝혀지는 대로, 책임자가 살아 있는 한, 엄한 처벌에서 피할 수가 없었을 것이다. 그랬다면 우리의 역사는 어땠을까? 그랬다면 대한민국의 정의는 어땠을까? 우리 사회가 지금과는 사뭇 달라지지 않았을까... 나는 그렇게 믿는다.

국제형사재판소 관할 범죄의 처벌 등에 관한 법률

제8조(집단살해죄)

① 국민적·인종적·민족적 또는 종교적 집단 자체를 전부 또는 일부 파괴할 목적으로 그 집단의 구성원을 살해한 사람은 사형, 무기 또는 7년 이상의 징역에 처한다.

(...)

제9조(인도에 반한 죄)

① 민간인 주민을 공격하려는 국가 또는 단체·기관의 정책과 관련하여 민간인 주민에 대한 광범위하거나 체계적인 공격으로 사람을 살해한 사람은 사형, 무기 또는 7년 이상의 징역에 처한다.

② 민간인 주민을 공격하려는 국가 또는 단체·기관의 정책과 관련하여 민간인 주민에 대한 광범위하거나 체계적인 공격으로 다음 각 호의 어느 하나에 해당하는 행위를 한 사람은 무기 또는 5년 이상의 징역에 처한다.

1. 식량과 의약품에 대한 주민의 접근을 박탈하는 등 일부 주민의 말살을 불러올 생활조건을 고의적으로 부과하는 행위
2. 사람을 노예화하는 행위
3. 국제법규를 위반하여 강제로 주민을 그 적법한 주거지에서 추방하거나 이주하도록 하는 행위
4. 국제법규를 위반하여 사람을 감금하거나 그 밖의 방법으로 신체적 자유를 박탈하는 행위
5. 자기의 구금 또는 통제하에 있는 사람에게 정당한 이유 없이 중대한 신체적 또는 정신적 고통을 주어 고문하는 행위
6. 강간, 성적 노예화, 강제매춘, 강제임신, 강제불임 또는 이와 유사한 중대한 성적 폭력 행위

(...)

국제범죄로서의 인도에 반한 죄와 집단살해죄

인도에 반한 죄와 집단살해죄는 우리가 생각해 낸 범죄유형이 아니다. 이것은 2차 세계대전 후 국제전범재판을 하는 과정에서 국제사회가 새롭게 고안한 범죄유형이다. 무릇 어떤 행위를 범죄로

규정해 어떻게 처벌하느냐의 문제는 원칙적으로 한 국가의 내부문제이다. 그것이 사법주권의 핵심이다. 그러나 어떤 범죄는 각 국가의 내부문제로만 맡겨둘 수가 없다. 인류사회가 용납할 수 없는 중대한 인권침해가 일어나도 책임자가 버젓하게 천수를 누리며 권력을 휘두르는 일이 있기 때문이다. 또 어떤 경우는 사법체계가 완전히 파괴되어 형사처벌을 바랄 수 없는 나라도 있기 때문이다.

이런 경우 부득이 국제사회가 그들 범죄자들의 책임을 묻기 위해 나설 수밖에 없다. 이때 두 가지 방법이 구상되는데, 하나는 국제사회가 국제법정을 만들어 직접 처벌하는 것이고, 또 하나는 각 국가가 특정의 범죄에 대해선 반드시 처벌할 수 있도록 원칙을 만드는 것이다. 단 이런 범죄는 일반범죄일 수가 없다. 국제사회가 국내 사법주권을 제한하면서까지 개입하는 것이므로 해당범죄는 최소범위로 축소되어야 한다. 말 그대로 국제사회가 공동으로 대처해야 하는 극악무도한 반인륜적 범죄이여야만 한다. 인도에 반한 죄와 제노사이드는 바로 여기에 해당하는 대표적 국제범죄이다.

우리나라가 이런 국제범죄를 국내에서 처벌할 수 있게 된 것은 국제형사재판소 관련 조약('로마규정'이라고 불림)에 가입한 뒤 그 이행법률을 만들었기 때문이다. 위에서 말한 '국제형사재판소 관할범죄 처벌 등에 관한 법률'이 바로 그 이행법률이다.

이런 법률문제를 다루는 영역이 국제법, 그 중에서도 국제형사법 분야다. 나는 이 분야 연구로 박사학위를 취득했고, 그 덕에 위에서 말한 국제형사재판소 관할범죄 처벌법 제정 과정에도 일조할 수 있었다. 그런데 부끄럽게도 저들 범죄가 국제사회에서 어떻게 생성된 것인지에 대해 깊이 있게 들여다보지 못했다. 그저 저들 범죄는 2차 대전 이후 나치 전범들을 처벌하는 과정에서 도입된 범죄유형 정도로 간단하게 이해한 정도였다. 나는 그저 드라이하게 국제사회가 만든 제도를 법 규정과 그 해설서로만 공부했던 것이다. 그런 범죄유형이 어떤 과정을 통해, 어떤 사람의 노력으로 세상에 나왔는지에 대해선 거의 관심이 없었다. 이렇게 내 법학은 피상적 수준이었다. 지금 그것을 고백하지 않을 수 없다.

책, '인간의 정의는 어떻게 탄생하는가'

몇 년 전 국내에 〈인간의 정의는 어떻게 탄생하는가〉라는 책이 출간되었다. 영국의 저명한 국제인권법 교수 (University College London)이자 법정변호사(베리스터)인 필립 샌즈의 논픽션 East West Street-On the Origins of Genocide and Crimes against Humanity-를 번역한 것이다. 나는 이 책을 접하고 저자의 약력을 훑어본 다음 서문을 빠르게 읽어보았다. 그 순간 이 책이야말로 내가 반드시 읽어야 할 책임을 직감적으로 알 수 있었다. 내 전공의 뿌리를 알려주는 책이었다.

책장은 넘긴지 2주일, 공사다망한 상황에서도 강한 집념으로 새벽 시간과 밤 시간을 이용해 읽어나갔다. 그것도 매우 꼼꼼하게. 드디어 600쪽이 넘는 책 마지막 장을 넘겼다. 그리고 몇 시간 동안 필립 샌즈의 유튜브 강연을 시청하고 관련 자료를 인터넷으로 검색해 보았다. 아직 국내에선 이렇다 할 북 리뷰가 나오지 않은 상황이라 해외 북 리뷰 몇 개도 읽어보았다. 내 머릿속은 이제 온통 필립 샌즈의 이야기로 가득 차 있다. 이것은 단순한 지식 전달용 논픽션이 아니다. 이것은 한 가족의 눈물겨운 역사이고, 인간도살자의 기록이며, 두 전문가의 정의를 향한 학술적 열망이다. 어떻게 내 가슴을 떨리게 한 이 책을 읽지 않은 이들에게 전할 수 있을까….

필립 샌즈와 리비우

우선 필립 샌즈부터 소개해야겠다. 그는 현재 런던대학 UCL의 국제인권법 교수이고 90년대 이후 일어난 국제형사재판의 실무에 참여해 온 법정변호사다. 그의 외조부 레온의 가족들은 우크라이나의 리비우 출신인 바, 2차 대전 중 홀로코스트로 대부분 희생되었다. 하지만 전쟁 직전 비엔나에서 일하며 결혼했던 레온은 용케 살아남는다. 레온의 딸이자 저자의 어머니 루스 또한 비엔나에서 태어나 전쟁 중 파리로 보내어져 참화를 피한다. 루스는 후일 영국 남자와 결혼해 저자 샌즈를 낳았고(1960), 저자는 케임브리지 대학에서 법학을 전공, 법률가의 길을 걷는다. 그가 대학에서 만난 스승이자 멘토가 국제법 교수 엘리후(엘리) 라우터파하트. 엘리는 20세기 최고의 국제법학자(케임브리지 대학 교수)이며 국제사법재판소 (ICJ) 판사를 지낸 아버지 허쉬 라우터파하트를 뒤이은 학자로 유명하며, 아버지 이름을 딴 케임브리지 대학 라우터파하트 국제법센터의 소장을 지낸 인물이다.

샌즈가 젊은 날 외가에 대해 알고 있는 것은 매우 단편적인 것이었다. 파리에 살던 레온과 리타를 가끔 찾았지만 집안 분위기는 언제나 어두웠고 외조부는 좀처럼 과거 이야기를 하지 않았다. 호기심 많은 샌즈였지만 외조부와 조모가 돌아가실 때까지 집안 내력에 대해 묻지 못했다. 그러다가, 외조부와 조모가 세상을 뜨고 한참 뒤인 2010년 그는 리비우대학으로부터 초청을 받는다. 샌즈가 연구해온 제노사이드와 인도에 반한 죄에 관해 강연을 해달라는 것이었다.

리비우! 그곳은 외조부가 태어난 곳이며 홀로코스트의 중심이라는 것은 익히 아는 바다. 그렇지만 샌즈는 한 번도 가보지 못한 곳이었다. 샌즈는 이 기회를 이용, 외가의 내력을 조사하기 시작한다. 외조부 레온은 어떻게 젊은 시절 이곳에서 지냈으며, 어떻게 비엔나로 갔고, 어떻게 파리에서 살았는지, 레온의 형제자매 그리고 이웃은 어떻게 전쟁 중 죽어갔는지....

그런데 리비우를 방문하면서 샌즈는 리비우란 도시가 자신의 외가의 참혹한 역사와 관계된 도시만이 아니라는 것을 알게 된다. 그곳은 자신이 연구해온 제노사이드와 인도에 반한 죄의 개념을 제공한 두 법률가의 도시이기도 했다. 제노사이드 개념을 최초로 제안한 라파엘 렘킨, 인도에 반한 죄를 주장해 뉘른베르크 재판에서 전범들을 처벌케 한 허쉬 라우터파하트, 이 두 사람이 같은 시기 리비우 대학에서 공부한 선후배라는 사실을 알게 된 것이다. 샌즈는 이 사실을 알고 이 둘을 추적해 들어간다. 수십 년간 공부해 온 두 범죄가 자신의 외가 고향인 리비우를 배경으로 두 인물에 의해 탄생했다니.... 얼마나 살 떨리는 기분이었을까.

허쉬 라우터파하트(1897-1960), 오스트리아-헝가리 제국 시절 렘베르크 근처 주키에프에서 태어남. 그 후 가족과 함께 렘베르크로 옮겨 거기에서 렘베르크 대학을 다님, 비엔나를 거쳐 런던으로 가 LSE(런던정경대학)에서  국제법 박사를 받고 케임브리지 법대 교수가 됨, 말년엔 국제사법재판소 판사로 봉직. 20세기 가장 저명한 국제법 학자 중 한 사람

라파엘 렘킨(1900-1959), 렘베르크 대학을 나와 폴란드 검사로 활약. 2차 대전 중 나치를 피해 미국으로 망명. 2차 대전 중 제노사이드 범죄를 주장하여 전후 국제범죄로 확립하는 데 공헌함

전쟁으로 연거푸 이름이 바뀐 도시, 리비우

이 책의 주 무대인 리비우는 매우 독특한 도시다. 유럽의 많은 도시가 인접국가로 인해 다양한 문화가 존재하고 국가 간 전쟁 등으로 부침을 해왔지만 이 도시만큼 짧은 기간 국가 간 대결의 희생양이 된 도시도 찾기 힘들 것이다. 20세기 초 이 도시는 오스트리아 -헝가리 왕가, 즉 합스부르크 왕가의 도시로 렘베르크로 불렸다. 그러다가 1차 세계대전을 맞아 신생 폴란드의 도시 로포프로, 2차 세계대전이 발발하고 소련이 진주하자 리보프로, 독일군이 접수한 뒤엔 렘베르크로, 몇 년 후 독일이 패전함으로써 우크라이나의 리비우가 된다. 그러니 렘베르크, 로포프, 리보프, 리비우는 다른 이름이지만 같은 도시를 말한다.

이 책의 무대인 우크라이나의 도시 리비우, 20세기 전반기 40여 년 동안 지배자가 누가 되느냐에 따라 렘베르크, 로포포, 리보프로 불리웠다.

이 책의 주인공 레온, 라우터파하트, 렘킨은 바로 이곳에서 태어나거나 이곳으로 옮겨와 공부했던 사람들이다. 샌즈의 외증조모와 라우터파하트 그리고 렘킨은 리비우의 이스트 웨스트 스트리트에서 같은 시기 함께 살았던 사람들이었다. 그러나 이런 사실을 저자도, 저자의 스승이었던 라우터파하트의 아들 엘리도 전혀 알지 못했다.

폴란드의 도살자, 한스 프랑크

샌즈가 주목한 한 인물이 더 있다. 2차 대전 중 폴란드의 도살자로 불린 독일 총독 한스 프랑크. 그는 바바리아 출신의 법률가로 히틀러의 개인 변호사이기도 했다. 프랑크는 나치의 폴란드 총독으로 이 책의 주 무대인 렘베르크의 통치자였다. 그는 폴란드의 주요도시인 크라쿠프, 바르샤바, 렘베르크 등지에 유대인 게토를 만들어 유대인들을 감금했고, 이어 폴란드 각지에 산재한 강제수용소로 보내 죽음으로 몰아간 장본인이다. 그렇게 죽어간 유대인의 수가 얼마나 될까, 몇십만 아니 몇백만(...) 수를 헤아릴 수 없는 유대인들이 그가 서명한 법령에 의해 죽어갔다. 그는 뉘른베르크 재판에서 이렇게 시인했다. "천년이 지난다고 해도 독일의 죄는 지워지지 않을 것입니다."

미스 틸니와 린델펠트

이 책에서 저자가 주목한 인물은 외조부 레온과 국제법에서 제노사이드와 인도에 반한 죄를 창시한 두 명의 법률가이지만 레온과 관련된 흥미로운 몇 사람이 더 나온다. 한 사람은 미스 틸니 또 다른 사람은 린델펠트. 사실 이들에 대해 레온이나 리타가 생전에 설명한 바가 전혀 없다. 남아 있는 것은 빛바랜 사진 몇 장과 편지. 그럼에도 샌즈는 마치 탐정과 같이 그들이 누구인지 찾아내 퍼즐 같은 가족사를 조금씩 채워나간다. 저자는 오래전부터 자신의 가족사에서 몇 가지 의문을 가졌었다. 왜 신혼의 레온과 리타는 비엔나에서 헤어져 레온 혼자 파리로 오게 되었을까? 왜 몇 달 뒤 리타는 어머니 루스와 함께 오지 않고 혼자 비엔나에 남았을까? 루스를 레온에게 데려다준 이는 누구였을까?

이런 호기심을 갖고 저자는 의문들을 풀어간다. 이 과정에서 알게 된 것이 어머니 루스를 비엔나에서 데리고 파리로 간 인물이 미스 틸니로 밝혀진다. 샌즈가 이 여성에 대해 가지고 있었던 정보는 레온의 서류더미에서 발견한 "미스 E.M 틸니, 영국 노리치 블루벨 로드 메누카"라고 하는 종이쪽 하나였다. 그렇지만 저자는 그것 하나만으로 미스 틸니가 당시 선교사로서 인간 사냥꾼 나치의 손에서 여러 사람을 구한 의인임을 밝혀낸다.

또 한 사람 린덴펠트, 이 사람은 레온과 리타가 비엔나에서 헤어지게 된 이유를 제공한 사람으로 추정된다. 이 사람에 대한 정보는 리타가 남긴 사진 몇 장 그리고 편지 봉투에 갈겨써진 이름. 샌즈는 이것만 가지고 마침내 이 사람의 이름을 알아내고 그 후손을 찾아낸다. 그것도 비엔나가 아닌 미국에서. 그리고 몇 가지 강력한 추정을 한다. 아마도 이 사람은 전쟁 기간 중 레온과 리타 사이에 끼어든 남자였을 것이라고, 그래서 레온은 비엔나를 홀로 떠나 파리로 갔고, 그 후 몇 달 후 리타는 남편에게 딸을 보냈을 것이라고….

라우터파하트와 렘킨

라우터파하트와 렘킨은 리비우에서 만난 적이 없다. 그렇지만 그들은 같은 법대에서, 같은 교수로부터 배운 선후배다. 이들이 생전에 이 같은 사실을 밝히며 서로를 이야기한 적은 발견되지 않는다. 라우터파하트는 뉘른베르크 재판에서 영국 검사팀의 일원으로 법률적 이론을 주도하면서 인도에 반한 죄로 피고인들의 유죄를 받기 위해 노력한다. 렘킨은 미국 검사팀을 도우면서 재판과정에서 피고인들의 행위를 제노사이드로 판단되길 바라며 동분서주한다. 1946년 10월 선고가 되는 날 라우터파하트는 뉘른베르크 법정 600호실에서 선고를 기다린다. 이날 렘킨도 법정에 오려고 했지만 몸이 아파 오지 못했다. 만약 왔다면 두 명의 렘베르크 출신 법률가와 독일 법률가이자 폴란드의 도살자가 한 공간에서 운명적으로 조우했을 것이다.

이 책 전체의 한 주제이지만 라우터파하트와 렘킨의 정의실현 방법은 달랐다. 두 사람은 모두 가족들이 홀로코스트의 희생양이 되었지만 그 책임을 묻는 방법은 같으면서도 달랐다. 두 사람은 모두 국가의 이름으로 자행된 만행이 고전적인 국가책임면책 이론으로 귀결되는 것을 용납하지 않았다 (피고인들은 법정에서 자신들의 행위가 인정된다고 해도, 그것은 국가의 행위이므로 국제법 원칙인 국가면책 이론에 따라 처벌될 수 없다고 주장했다). 국가라는 이름 뒤에 숨어 만행을 저지른 개인을 찾아내 형사처벌함으로써 정의를 세워야 한다는 것이다. 그러나 그 구체적 방법론에선 상이한 길을 걸었다.

라우터파하트는 행위자의 개인에 대한 피해에 초점을 둔 반면, 렘킨은 행위자의 집단에 대한 피해에 초점을 두었다. 그것이 바로 인도에 반한 죄와 제노사이드로의 귀결이다. 비슷한 결과를 낳았지만 이 둘은 행위자를 처벌할 때 검사의 입증책임이 달라진다. 인도에 반한 죄는 개인의 피해 그 자체를 입증하면 끝나지만 제노사이드는 집단의 절멸을 목표하는 그 의도를 입증해야 한다. 제노사이드는 집단을 공격하는 범죄로 인식되기 때문에 집단과 집단의 갈등을 초래한다. 인도에 반한 죄는 독일인이 유태인을 집단적으로 살상했어도 그것은 특정 독일인의 특정 유대인에 대한 범죄다. 그러나 제노사이드로 홀로코스트를 처벌하면 그것은 독일인 전체가 유대인 전체를 살상한 행위로 인식되기 쉽다. 그 결과는 또 다른 집단 간의 갈등을 낳고... 그것은 또 다른 갈등으로 이어질지 모른다. 라우터파하트는 그것을 우려했기 때문에 끝까지 제노사이드를 인정하지 않으려 했다.

뉘른베르크 재판

뉘른베르크 재판은 인류역사상 최초의 국제형사재판이었다. 국가 간 전쟁이 일어나 참화가 발생하고 형언할 수 없는 만행이 일어났지만 국제사회는 단 한 번도 그 책임자를 처벌하지 못했다. 국제사회는 2차 세계대전이 끝나고 나서야 그 전철의 고리를 끊고 새로운 국제질서를 만든다. 그게 바로 뉘른베르크 국제형사재판이다. 24명의 나치 책임자를 기소하고 처벌했으며 나머지 범죄 행위자는 각 국가의 국내법으로 처벌토록 했다. 이 과정에서 두 명의 렘베르크 법률가가 활약했던 것이다.

렘킨의 역할은 뉘른베르크 재판에서 끝나지 않았다. 솔직히 제노사이드 개념은 이 재판에서 크게 부각되진 못했다. 인도에 반한 범죄는 뉘른베르크 재판소 근거규정(International Military Tribunal Charter)에 분명하게 규정되었지만 제노사이드는 그렇지 못했다. 하지만 그 개념은 전후 국제범죄로서 분명하게 인정을 받는다. 유엔은 1948년 제노사이드방지협약을 만듦으로써 렘킨의 바람을 국제적으로 승인한다. 나아가 그 후 만들어지는 각종 국사형사법에서 제노사이드는 국제범죄로서의 당당한 위상을 확보한다.

라우터파하트의 역할도 뉘른베르크 재판으로 끝난 것은 아니었다. 그는 국제법에서의 개인책임과 개인에 대한 권리보호에 역점을 두었다. 이것은 국제법의 주체는 오로지 국가라는 생각에서 개인도 국제법의 주체가 될 수 있다는 주장이었다. 그는 국제법이 개인의 인권장전이 될 수 있음을 역설했고 (그 결과로 나온 것이 그의 저작 '국제인권장전' An International Bill of Rights of Man 임), 그것이 인권보장의 굳건한 메커니즘으로 작용하길 염원했다. 이런 라우터파하트의 꿈은 헛된 것이 아니었다. 그의 꿈은 전후 유엔의 세계인권선언과 각종 국제인권조약으로 이어졌다. 특히 유럽에선 유럽인권협약이 체결되고 유럽인권재판소가 탄생함으로써 그의 꿈은 보다 단단한 현실이 되었다. 그뿐이 아니다.

라우터파하트가 죽은 지 40년이 되지 않아, 국제사회는 몇 번의 임시 국제형사법정 (1990년대 과거 유고슬라비아 지역에서 일어난 만행에 대해 유엔이 만든 ICTY 와 같은 시기 일어난 르완다 사태의 책임자를 처벌하기 위해 만든 ICTR)을 만들었고, 이것은 상설적 국제형사재판소(International Criminal Court)의 설립으로 이어졌다. 1998년 국제형사재판소 설립을 위한 로마규정이 체결되고 (대한민국도 가입), 2002년 드디어 헤이그에 재판소가 문을 열었다. 이 일련의 과정에서 국제사회가 반드시 처벌해야 할 범죄로 렘킨과 라우터파하트가 제안한 제노사이드와 인도에 반한 죄가 포함된 것은 당연한 일이었다.

세 아들들의 만남

이 책 리뷰를 끝내면서 내게 충격적인 감동을 준 한 부분을 소개한다. 그것은 이 책 마지막 장에 나오는 장면이다. 저자는 이 책을 쓰는 과정인 2014년 한 가지 기획을 한다. 홀로코스트의 피해자와 가해자의 자식들이 만나는 행사다. (이것은 BBC 에서 My Nazi legacy: What our fathers did 라는 제목의 다큐멘터리로 제작되어 2015년 방송되었음) 피해자의 자손으로 저자, 가해자의 자식으로 한스 프랑크의 아들 니클라스 그리고 렘베르크를 직접적으로 통치한 오토 폰 베터의 아들 호르스트 3명이 만난 것이다. 이들은 홀로코스트의 현장을 방문하는 데 그 한 곳이 뉘른베르크 법정이다. 거기에서 니클라스는 이런 말을 한다.

> "저는 사형제도에 반대합니다." "다만 제 아버지 경우만 제외하고요" (...) 니클라스는 그의 재킷 가슴 주머니에 손을 넣어 작은 종이들을 꺼냈다. "그는 범죄자였습니다." 그는 조용히 말하며 종이 중에서 낡고 바랜 작은 흑백사진을 골라냈다. (...) 교수형이 집행되고 몇 분 후 촬영한 생명이 없는 그의 아버지 시신이 간이침대에 쥐어져 있었다. 그의 가슴에 라벨이 놓여져 있었다. "매일 이것을 봅니다." 니클라스가 말했다. "그가 죽었다는 것을 상기하고 확인하기 위해서요." (546)

나는 이것이 전후 책임에 대한 독일인과 일본인의 극명한 차이라고 믿는다

글을 맺으면서 아쉬운 게 하나 있다. 그것은 그동안 과문한 탓으로 이 책의 존재와 저자를 뒤늦게 알았다는 것이다. 단 몇 분 인터넷만 검색해도 수없이 나오는 정보인데 나는 몰랐다. 만일 내가 이 저자와 이 책을 출간 즉시 (2016년) 알았다면 나는 저자를 런던에서 만나는 기회를 가졌을 것이다. 책이 나오는 해 나는 런던

에서 6개월을 체류했고, 그것도 저자가 있는 UCL 대학 법대 도서관을 매일 같이 나가고 있었다. 나보다 두 살 위인 그에게 나 또한 호기심을 가득 안고 수없이 많은 질문을 했을 것이다. 나는 한국전쟁으로 외가가 절단난 집안의 자손이니 얼마나 할 말이 많았겠는가. 한국 역사의 아픔을 전할 때 그도 분명 동병상련의 눈물을 흘렸으리라.

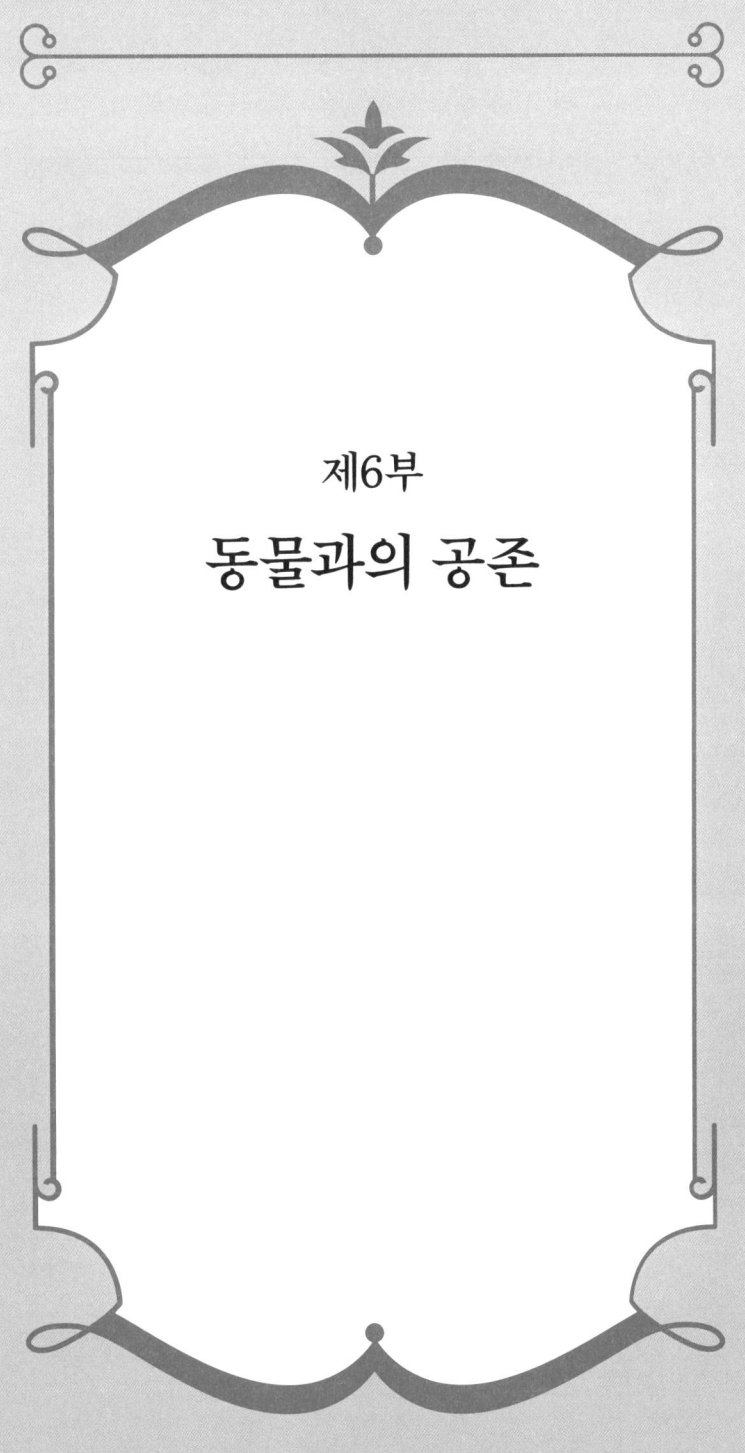

제6부

동물과의 공존

이제 한 가지 더 생각해 봐야 문제가 동물과 인간의 관계다. 수많은 반려동물이 한 집에서 인간과 같이 살아가는 오늘날 동물은 인간에겐 단순한 물건이 아니다. 그런데도 한편에선 동물은 물건과 똑같이 취급되면서, 인간의 쾌락을 위한 수단이자 학대의 대상임을 부인할 수 없다. 인간도 동물의 하나임이 분명하다고 할 때, 우리가 매일같이 만나는 쾌고감수의 동물들을 어떻게 봐야 할 것인가. 인권적 차원에서 동물을 본다면 그것은 어떤 것일까. 이것을 위해 서구에서 논의되는 동물권이나 동물복지에 대해 한 번쯤 생각해 보는 것도 유익할 것이다.

인권고전강독 18

동물에 대한 처우는 인권문제다
-피터 싱어의 〈동물해방〉-

"고통과 즐거움을 느낄 수 있는 능력은 한 존재자가 이익을 갖는다고 할 때의 필요충분조건이다. 가령 쥐는 차여서 길에 굴러다니지 않을 이익을 분명 가지고 있다. 왜냐하면 쥐는 차이게 될 경우 고통을 느낄 것이기 때문이다."(본문 명저)

나는 수렵시대의 포식자로 살고 싶다

나는 채식주의자가 아니다. 더욱 동물애호가도 아니다. 그 흔한 개나 고양이를 집에서 키워본 적도 없다. 과거의 일이지만 가끔은 보양탕이란 간판이 붙은 식당에 가서 몸보신도 하던 사람이다. 그런데도 요즘 꿈자리가 뒤숭숭하다. 며칠 전 티브이에서 방영된 반려견 사육시설을 보고 나서다. 수백 마리의 반려견 들이 좁고 지저분한 우리에서 우글거리며 키워지고 있었다. 암캐의 임신을 위해 수캐의 정액을 강제로 생식기에 집어넣는 장면에선 눈을 감아 버리고 말았다.

여러 해가 지났지만 구제역 사건으로 수백만 마리의 돼지가 살 처분된 적이 있었다. 지금도 그 장면을 떠올리면 살이 떨린다.

트럭에 실려 온 돼지들이 구덩이 안으로 떨어진다. 대부분 살아 있는 것들이다. 일부 돼지들은 매질과 발길질이 가해지면서 구덩이 속으로 들어간다. 그것들도 자신의 운명을 아는지 필사적으로 구덩이에서 나오려 한다. 발버둥 치는 돼지들 머리 위를 굴착기가 찍어 누른다. 꽥꽥거리는 비명이 온 천지를 진동한다. 생지옥이 따로 없다. 어떤 곳에서는 이런 식으로 반나절 만에 2만 마리의 돼지가 살 처분되었다.

2010년 11월 구제역이 처음 발생한 뒤 이렇게 매몰 살 처분된 가축 수가 무려 350여만 마리에 달했다.

아무리 육식을 하는 나일지라도 이 같은 상황에선 한마디 말하지 않을 수 없다. 이건 도가 지나치다. 이건 인간으로서 할 일이 아니다. 내가 육식을 멈출 수 없다고 해도 개들이, 소들이, 돼지들이 저렇게 대우받는 건 참을 수 없다.

나는 수렵시대의 내 조상이 자연에 대해 경외심을 갖고, 동물을 사냥해 그 고기를 먹었던, 그 정도의 포식자로만 살고 싶다. 그 이상은 싫다. 여러분은 어떠신가? 나는 이 동물 문제가 결국은 인권문제라고 생각한다. 오늘 이야기는 그 생각을 위한 시도다.

동물은 단지 물건일 뿐인가

마하트마 간디는 "한 국가의 위대함과 도덕성은 그 나라의 동물들이 어떻게 대우받고 있는지를 보면 알 수 있다"고 했다. 한평생을 성현의 반열에 맞추어 산 그다운 말이다. 그러나 이런 말이 어느 사회나 통용되는 것은 아닐 것이다. 우리 사회에서 아무리 인권을 강조하는 사람이라 할지라도 그것은 오로지 사람에 대한 문제이지 동물에 대해서까지 말하는 것 같지는 않다.

우리 사회에서 동물은 법률적으로 철저히 '물건'으로 취급된다. 물건은 '인권'의 대상이 아니라 사람의 '물권'의 대상이 된다. 그것은 소유와 점유의 객체가 되고, 그 권리자인 인간에게 처분권이 있다. 그것은 다른 물건과 마찬가지로 사용되고 처분되고 심지어는 필요가 없으면 폐기된다. 이것이 사실 350여만 마리의 소와 돼지가 생매장되어도 그냥 넘어가는 이유이기도 하다.

물론 우리 사회는 오랜 기간 불교의 영향을 받아왔다. 따라서 남다른 생명 사상을 가진 사람들도 많다. 이들에게는 살아 있는 생명체는 모두 소중한 것이며 그에 대한 살생은 절대적으로 금기시된다. 하지만 이러한 사상이 현대를 살아가는 우리에게 도통 영향을 끼치지 못하는 것이 현실이다. 동물은 그저 '물건'일 뿐이다.

새로운 패러다임의 탄생

그런데 불교의 영향도 받지 않은 서구에서는 오래전부터 동물에 대한 철학적 논쟁이 있었다. 그 핵심은 동물이 과연 단순한 물건인가의 논쟁이었다. 이 논쟁은 인간 중심의 기독교적 신학과도 관계가 깊다. 중세를 살아오는 동안 유럽인들의 머릿속은 하나님이 다른 동물과 특별히 구별하여 만든 존재가 자신이라는 생각이 지배했다.

그러나 이러한 사고도 르네상스 이후 과학의 발달과 함께 점점 회의하지 않을 수 없는 상황이 되었다. 더욱이 진화론적 입장이 과학의 중심에 서면서 오로지 인간만이 '사랑하고 즐기며 고통을 느낄 수 있는 존재'인가에 의문을 갖게 되었다. 수억 년의 진화 속에서 어떻게 인류만이 그런 것의 주체가 될 수 있는가에 대한 근본적인 질문이었다.

이러한 회의는 동물을 다시 보게 하는 상황을 만들었다. 무엇인가 다른 패러다임 속에서 인간과 동물의 관계를 만들어가야 한다는 사상이 싹트기 시작한 것이다. 그리고 이런 흐름은 동물 보호와 복지로 이어졌고, 20세기 후반 유럽 사회는 동물 보호와 복지에 관한 각종 규범을 만들어 시행하게 되었다. 이제 유럽 국가들은 과학실험에 사용되는 동물, 식용으로 길러지는 동물들 그리고 야생동물들에 훨씬 인간적인 환경을 만들어주기 위한 프로그램을 시행하고 있다.

종차별주의를 반대하는 〈동물해방〉

오늘 우리는 인간과 동물의 관계를 철학적으로 정립할 필요성을 느낀다. 이것은 그저 고답적인 도덕철학이 아니다. 왜냐하면, 우리가 어떤 동물에 대한 도덕철학을 갖느냐에 따라 구제역과 같은 사태에서 대응이 전혀 달라지기 때문이다. 이 같은 것을 생각하면 여기에 소개하는 철학자 피터 싱어의 동물에 관한 도덕철학은 충분히 음미할 만하다. 피터 싱어는 호주 출신의 도덕철학자로 1975년 그의 주저 〈동물해방〉김성한 옮김)을 세상에 내놓았다.

〈동물해방〉은 출판된 이래 동물의 권리(animal rights) 분야의 바이블로 통한다. 그만큼 이 책은 인간과 동물의 관계가 어떻게 되어야 할지에 대해 깊은 통찰력을 주는 책이다. 이 책은 동물의 권리를 주장하는 사람에게나 동물의 복지를 주장하는 사람에게나 할 것 없이 자신들의 입장을 철학적으로 전달할 때 필요한 논리를 제공해왔다.

종차별주의의 역사적 기원

싱어가 말하고자 하는 핵심은 인간의 도덕적 관심에 동물을 포함해야 한다는 것이다. 그는 동물이 단지 인간의 종(species)에 해당하지 않는다는 이유로 차별해서는 안 된다고 한다. 즉, 그의 동물에 대한 도덕철학의 핵심은 종차별주의를 반대함으로써 종간의 원칙적 평등을 주장하는 것이다.

서구 역사에서 종차별주의의 근원을 찾다 보면 로마와 기독교의 영향을 거론하지 않을 수 없다. 로마제국은 콜로세움 등의 원형경기장에서 허구한 날 투기회를 열어 수많은 동물―사자, 호랑이, 코끼리, 하마, 코뿔소, 황소, 사슴 심지어는 악어나 뱀까지―을 사람들의 호기심 속에서 죽였다. 피에 대한 백성들의 갈망이 너무도 강했기 때문에 투기회는 곡식을 분배하는 것보다도 중요한 행사였다.

기독교는 인간의 존엄성을 신성시했기 때문에 인권의 신장에 크나큰 이바지를 했다. 그러나 동물과의 관계에서는 인간과 다른 종간의 차별을 공고히 한 종교로서 기록되어야 한다. 종교 중에는 불교와 같이 모든 생명의 신성함을 가르치는 종교도 있지만, 기독교는 철저히 인간 중심의 종교이다. 기독교는 오로지 인간의 생명만이 신성하다는 관념을 널리 전파했다. 싱어는 이에 대해 이렇게 말한다.

> (…)새로운 교의(기독교)는 여러 면에서 진보적이었으며, 그리하여 로마인의 제한된 도덕적 영역을 엄청나게 확장시켰다. 하지만 인간 아닌 다른 종에 대한 처우와 관련시켜 생각해 볼 때, 그러한 교의는 구약성서에서의 인간 아닌 동물들의 낮은 지위를 더욱 공고히 하고 저하시켰다. 구약성서에는

인간이 다른 종을 지배해야 한다고 쓰여 있지만, 그래도 거기에서는 다른 종들의 고통에 대한 희미한 관심이나마 찾아볼 수 있었다. 하지만 신약성서에서는 동물에 대한 가혹 행위에 반대하는 어떠한 명령도 찾아볼 수 없으며, 동물의 이익을 고려하는 권고 또한 찾아볼 수가 없다. (324)

싱어는 종차별주의를 사실상 인종차별·성차별주의의 연장선에서 이해해야 한다고 한다. 종차별이 도덕적으로 인정될 수 있는 근거는 인종차별이나 성차별과 같이 지적 능력에 대한 그릇된 믿음이었다. 즉, 유색인종은 백인보다, 여성은 남성보다 지적 능력이 차이가 있다든지 하는 믿음은 인종차별과 성차별을 정당화한 오도된 믿음이었다.

이와 같은 믿음은 종차별주의에도 그대로 적용되었다. 즉, 인간이 다른 종의 동물에 대해서 차별을 할 수 있는 것은 인간과 그들 간의 지적 능력의 차이 때문이라는 것이다. 동물은 인간에 비해 하등동물이니 거기에 걸맞은 대우를 받는 것은 당연하다는 것이다.

그러나 오늘날 인종차별이나 성차별을 하면서 그 근거로 지적 능력 운운하면 그 사람은 정신이상자에 불과하다. 따라서 종차별주의에도 이러한 새로운 믿음은 같이 적용되어야 한다는 것이 싱어의 생각이다. 인간과 동물의 차이를 지적 능력 운운하며 그 차별을 정당화할 수 없다는 것이다. 만일 그것을 인정하면 무뇌아로 태어난 아기는 침팬지보다 그 지능이 못하니 그 생명권을 연장할 이유가 없다. 싱어는 이렇게 말한다.

> 설령 좀 더 나은 지적 능력을 소유한다고 해도 자신의 목적을 위해 한 사람이 다른 사람을 이용할 수는 없다. 이것이 사실이라면 좀 더 나은 지적인 능력을 소유하고 있다고 해도 그로 인해 인간에게 인간 아닌 존재를 착취할 권한이 부여되지는 않는 것이다. (41-42)

쾌고감수의 존재로서의 동물

종차별주의가 잘못된 도덕관념이라면 그 근거를 어디에서 찾아야 할까. 이것이 바로 〈동물해방〉에서 싱어가 말하고자 하는 그의 철학의 핵심이다. 도대체 우리는 왜 인간 아닌 존재에게도 평등의 도덕론을 펼쳐야 하는가. 그 대답은 싱어의 공리주의에 있다.

싱어는 공리주의 철학자로 알려져 있다. 그는 쾌락과 고통을 느낄 수 있는 존재(sentient beings)—철학에서는 이를 '쾌고감수의 존재'라 한다—의 목표는 쾌락을 극대화하고 고통을 최소화하는 것으로 본다. 따라서 사람 이외의 동물도 최소한 쾌고감수의 존재인 한 이러한 공리주의가 적용되지 못할 바가 없다는 것이다.

싱어가 인간 아닌 동물에게도 공리주의가 적용될 수 있다는 논리를 펼 수 있게 된 것은 공리주의의 창시자인 제레미 벤담의 영향이 컸다. 벤담은 일찍이 평등의 개념을 이익의 동등 고려(principle of equal consideration of interests)로 이해했다. 이것은 같은 이익에는 같은 고려가 있어야 한다는 원칙이다.

벤담은 이 원칙을 사람 사이에서만 아니라 동물에게까지도 확장될 수 있다는 생각을 했다. 왜냐하면 동물에게도 고통을 느낄 수 있는 능력은 사람과 다르지 않은 것이고, 그렇다면 동물도 사람과 같이 고려될 이익이 있다는 것이다. 싱어는 이를 이렇게 표현한다.

> 고통과 즐거움을 느낄 수 있는 능력은 한 존재자가 이익을 갖는다고 할 때의 필요충분조건이다. 가령 쥐는 차여서 길에 굴러다니지 않을 이익을 분명 가지고 있다. 왜냐하면 쥐는 차이게 될 경우 고통을 느낄 것이기 때문이다. (43)

공리주의와 동물에 대한 처우

싱어는 한 행동으로부터 기인하는 쾌락과 고통의 총량이라는 차원에서 가치를 계산한다. 이 방법은 소수에게 고통을 줄지라도 다수에게 쾌락이나 고통의 감소를 가져다준다면 이를 허용한다. 따라서 싱어에게 있어서는 동물을 의학적 연구 용도로 사용하는 것은 그것 외에는 다른 방법이 없고 많은 사람을 구하기 위한 것이라면 허용된다. 왜냐하면, 이러한 행동에서 비롯되는 '선(good)'이 이것으로 인해 발생하는 동물에 대한 고통을 훨씬 능가하기 때문이다.

하지만 동물을 식이용으로 사용하거나 화장품 시험용으로 사용하는 것은 비도덕적이다. 왜냐하면, 그러한 행동에서 비롯되는 '선'은 비교적 가볍고 그것 아닌 다른 방법으로도 목적을 달성할 수 있기 때문이다. 따라서 싱어의 동물에 대한 도덕관은 자연스레 채식주의로 연결된다. 채식을 하면서도 인간이 살 수도 있는데 굳이 동물을 죽여 이를 식용으로 할 필요는 없다는 것이다.

싱어에게 있어서 중요한 것은 동물에게 본질적인 가치를 부여해야 한다는 점이다. 동물은 결코 인간의 목적을 위해 사용되는 수단이 아니라는 것이다. 그렇다고 해서 싱어가 동물이 인간과 같은 권리를 누릴 수 있다고 보는 것은 아니다. 그는 분명히 종차별주의를 반대하는 것이 모든 생명에 동등한 가치가 있다는 것을 의미한다는 것을 의미하지는 않는다고 말한다.

동물의 본질적 가치는 그 쾌고감수의 정도(sentience level)에 따라 달라져야 하는데, 인간의 경우는 동물이 갖지 못하는 고통(예, 미래에 대한 고통의 예측)을 느낄 수 있으므로 다른 동물보다 높은 가치를 지닌다고 할 수 있다. 따라서 불가피하게 과학실험을 해야 한다면 인간에 대한 생체실험보다는 동물에 대한 실험이 더 낫다. 그것은 인간에 대한 생체실험의 고통이 동물보다 더 크기 때문이다. 인간은 생체실험 자체의 고통도 느끼지만, 생체실험의 공포에서 오는 고통도 느끼는 존재이기 때문이다.

> (…)그런데 인간 아닌 동물을 대상으로 한 동일한 실험은 상대적으로 적은 고통을 야기할 것이다. 왜냐하면 동물들은 납치되어 실험 대상이 될 가능성으로 인해 고통을 느끼지는 않을 것이기 때문이다. 물론 이것이 동물들을 대상으로 하는 실험이 옳다는 것을 의미하지는 않는다. 이는 굳이 실험이 행해져야 한다면, 정상적인 성인보다는 동물을 사용하는 것이 낫다고 말할 이유가 있음을 말하고 있을 뿐이다. (55)

싱어는 인간이라는 이유만으로 인간이 다른 피조물보다 더 높은 가치가 있다고 생각하는 것은 종차별로서 허용될 수 없다고 한다. 싱어에게 있어 현대의 동물해방운동은 19세기 노예해방운동과 같은 선상에 있다. 즉, 인종차별주의를 극복하여 인간해방으로 나간 것과 같이 종차별주의를 극복하여 동물해방으로 나가야 한다는 것이다.

결론적으로 싱어에게 있어 인간을 포함한 모든 동물, 적어도 쾌고감수의 능력을 가진 존재는 모두 원칙적으로 평등하다. 이것이 싱어가 우리에게 말하고 싶은 그의 동물에 대한 도덕철학의 결론이다.

동물복지론, 동물의 5대 자유 그리고 세계동물권리선언

이제 싱어와 같이 종차별주의에 반대하는 도덕철학이 오늘날 서구에서 어떤 반향을 일으키고 있는지를 간단히 알아보자. 여러 이야기를 해야 하지만 지면상 동물복지론과 '동물의 5대 자유' 그리고 이에 기초한 세계동물권리선언에 대해서만 간단히 소개하고자 한다.

유럽에선 오래전부터 동물에 대한 도덕철학이 동물복지론으로 이어져 왔다. 복지(welfare)는 통상 '기본적인 욕구가 충족되고 고통이 최소화되는 행복한 상태'라고 정의된다. 따라서 동물복지란 동물에게 이러한 상태를 제공할 인간의 책무를 말한다. 유럽에서 동물복지론이 본격적으로 논의되어 제도화된 것은 1960년대 영국의 〈브람벨(Brambell)보고서〉가 나오고 나서부터이다. 영국 정부는 1965년 브람벨 교수에게 농장동물(farm animal)복지에 관한 전반적인 조사를 의뢰했다. 그 후 영국 정부는 〈브람벨 보고서〉에 기초하여 '농장동물 복지자문위원회'(1967년)를 설립했고 이것은 1979년 '농장동물 복지이사회'로 발전했다.

농장동물 복지이사회의 활동 결과 유럽 여러 나라의 동물(그중에서도 농장동물)복지의 표준이 된 동물의 5대 자유(Five Freedoms) 개념이 탄생했다.

1. 배고픔과 갈증으로부터의 자유(Freedom from Hunger and Thirst): 농장 동물에게 건강을 유지하기 위해 신선한 물과 음식에 접근할 수 있어야 한다.

2. 불쾌감으로부터의 자유(Freedom from Discomfort): 농장 동물에게 편안한 축사 등 적절한 환경을 제공해야 한다.

3. 고통, 부상 및 질병으로부터의 자유(Freedom from Pain, Injury or Disease): 농장동물에게 고통과 질병에서 벗어날 수 있도록 적절한 처방 및 치료가 주어져야 한다.

4. 통상의 행위를 표현할 수 있는 자유(Freedom to Express Normal Behaviour): 농장동물에게 적절한 공간과 시설에서 살게 하고 같은 종의 농장동물이 어울려 살 수 있도록 해야 한다.

5. 공포와 고통으로부터의 자유(Freedom from Fear and Distress): 농장동물에게는 정신적 고통을 피하도록 적절한 환경과 처우를 해야 한다.

위의 개념은 동물복지의 필요적 기준을 정한 것은 아니다. 이것은 동물복지의 이상적 상황(best possible standards)을 설정한 것이다. 인간이 동물을 이용하지 않을 수 없지만 그렇다고 해도 사육과정이나 이동과정 혹은 판매과정에서 동물들에게 불필요한 고통을 주지 않도록 위와 같은 상황을 지향해 나가자는 것이다. 동물 보호에서 하나의 이념과 이상을 구체화한 것이라 할 수 있다.

세계동물권리선언

제1조
모든 동물은 태어나면서부터 평등한 생명권과 동등한 존재의 권리를 가진다.

제2조
1 모든 동물은 존중받아야 한다.
2 인간은 동물의 한 종으로서 다른 동물을 멸종시키거나 비인도적으로 착취할 권리를 갖는다는 생각을 버려야 한다. 인간은 동물 복지를 위해 그 지식을 사용하는 것이 의무이다.
3 모든 동물은 인간의 관심과 돌봄 그리고 보호를 받을 권리를 가진다.

제3조
1 어떤 동물도 부당하거나 잔인하게 처우 되어서는 아니 된다.
2 동물을 죽여야 하는 경우 즉각적으로 고통 없이 이루어져야 한다.

제4조
1 모든 야생 동물은 땅이건, 하늘이건 물이건 그 본연의 자연 환경에서 자유롭게 살아가고 생육할 권리를 가진다.
2 교육적 목적을 위해서조차 자유를 박탈하는 것은 이러한 권리의 침해이다.

제5조
1 전통적으로 인간의 환경에서 사는 동물 종들은 그들 종 고유의 삶과 자유의 조건과 리듬으로 살아가고 성장할 권리를 가진다.
2 인간이 자신의 이익을 위해 이러한 리듬이나 조건에 간섭하는 것은 이 권리를 침해하는 것이다.

제6조
1 모든 반려동물은 자연 수명을 누릴 권리를 가진다.
2 동물을 유기하는 것은 잔인하고 굴욕적 행위이다.

제7조
모든 사역동물은 합리적인 시간과 강도로 일하고 필수적인 영양을 공급받으며 휴식할 권리를 갖는다.

제8조
1 신체적이거나 심리적 고통을 수반하는 동물실험은 그 목적이 과학적이건, 의학적이건, 상업적이건 어떤 연구의 목적이든지 동물의 권리에 위반되는 것이다.
2 동물실험의 대체방법이 사용되고 개발되어야 한다.

제9조
동물이 식품산업에 사용되는 경우 고통 없이 사육, 운송, 대기, 도살되어야 한다.

제10조
1 어떤 동물도 인간의 오락목적으로 착취되어서는 아니 된다.
2 동물을 전시하거나 구경거리로 만드는 일은 동물의 존엄성에 반하는 것이다.

제11조
무자비한 동물살해는 생명 살상 곧 '생명에 반하는 죄'이다.

제12조
1 야생동물의 대량살해는 집단학살 곧 '종(種)에 반하는 죄'이다.
2 자연환경의 오염이나 파괴는 집단학살을 불러올 수 있다.

제13조
1 사망한 동물이라도 존중하여 다루어야 한다.
2 동물과 관련이 있는 폭력적인 장면은 인도적 교육목적이 아니라면 영화 및 텔레비전에서 금지되어야 한다.

제14조
1 동물권 증진 운동의 대표들은 정부의 모든 단위에서 효과적인 목소리를 내야 한다.
2 동물권은 인권과 마찬가지로 법의 보호를 받아야 한다.

이러한 동물복지론은 드디어 동물권 운동으로 발전하고 있다. 이것을 주도하는 국제기구가 유엔의 전문기구인 유네스코(UNESCO)인바, 유네스코는 동물권을 동물의 보편적인 권리로 받아들여 세계인권선언과 유사한 세계동물권리선언(Universal Declaration of Animal Rights)을 선포하였다. 1978년 선언된 이 권리선언은 인간의 동물에 대한 종차별주의를 극복하고 인간과 동물의 조화로운 공존을 목표로 동물의 생명권과 고통으로부터의 자유 등을 정하고 있다. 특히 이 선언은 인간의 동물에 대한 무자비한 살상을 '생명에 반하는 죄'(Crime against Life) 등으로 규정하고 있어 동물보호의 강력한 의지를 보여주고 있다. 이 선언 이후 각국의 동물보호 관련 법률이 이에 맞춰지고 있으며 우리나라도 예외가 아니라고 할 수 있다.

동물에 대한 처우는 인권문제다

인간의 동물에 대한 처우는 인권문제로 귀결된다. 왜 그럴까? 앞서 보았지만 인간의 동물에 대한 태도는 우리의 양심을 건드린다. 우리는 식용으로 고기를 먹지만 동물이 비인도적으로 사육되는 장면을 보면 그 참혹함에 가책을 느낀다. 그것은 동물이 단지 마구 던져버려도 되는 물건이 아니고, 살아 꿈틀거리면서, 인간과 본질에서 다를 바 없는 쾌락과 고통을 느끼는 존재이기 때문이다.

동물이 인간의 양심에 고통을 줄 수 있는 존재라면, 인간의 양심의 자유라는 차원에서, 동물 처우를 다루어야 한다. 동물을 함부로 대하는 것은 인간의 양심을 침해하는 인권문제가 될 수 있다는 것이다.

또한 인간의 종교는 동물과 아주 오래전부터 긴밀한 관계를 갖고 있으므로 동물에 대한 처우는 종교의 자유라는 차원에서도 다뤄져야 한다. 살생을 금하는 종교를 믿는 사람 앞에서 동물을 함부로 살생하는 것은 그 사람의 종교의 자유를 침해하는 것이나 마찬가지다.

이제 이야기를 맺자. 나는 현재 우리나라에서 인간의 식용으로 혹은 반려용으로 키워지는 동물들의 사육 상태를 볼 때마다 안타까운 마음을 금할 수가 없다. 비록 채식주의자도, 특별한 동물 애호가도 아니지만, 동물을 비인도적으로 대하는 것은 인간의 양심상, 종교상 허용할 수 없다고 본다.

그런 식으로 동물을 대하는 것은 인간의 자연에 대한 태도로서도 부적절하다. 인간이 최상위 포식자임을 인정하면서도, 자연과의 조화를 이룰 수 있는 동물복지에 대한 관심은, 이 시대 우리가 당면한 또 하나의 인권문제를 풀어가는 출발점이다.

후기

자유인이 되는 길

이제 인권고전강독을 마치면서 마지막 한 마디를 남겨야겠다. 우리는 어떻게 자유인이 될 수 있을까? 이 책을 읽을 독자는 아무래도 젊은 학생들이 많을 것이니, 그들을 위해 선배의 입장에서, 그 길에 대해 조언을 해주고 싶다. 아래 내용은 내가 나이 50대에 들어서부터 본격적으로 생각해온 것으로 매 학기 종강사에 대신하는 말이기도 하다. 간단한 말이지만 매우 강렬한 메시지다.

운동해서 건강하자

몸은 정신의 물적 기초다. 몸과 정신은 분리되어 있지 않다. 몸이 부실하면 결국 정신도 부실하다. 그러니 강건한 정신을 유지하려면 몸 또한 부단히 강건하게 만들어야 한다. 꼭 몸짱이 될 필요는 없다. 그저 팔다리 튼튼하고 허구한 날 잔병으로 병원 신세 지는 것에선 해방되어야 한다. 그러나 그 정도의 건강도 노력하지 않으면 쉽게 얻을 수 있는 게 아니다.

음식은 절제하고 많이 걸어야 한다. 젊어서부터 팔굽히기, 윗몸 앞으로 일으키기 등을 열심히 해서 몸에 근육을 붙여야 한다. 돈 들이면서 운동할 필요도 없다. 이건 순전히 습관의 문제다. 아침에 일어나 간단히 스트레칭하고 근육운동을 하자. 출퇴근 시간과 점심시간을 이용해 걷자. 내 경험으론 이런 것만 열심히 해도 충분히 건강히 살 수 있다.

책을 읽자

독서는 정신을 기르는 데 있어서 필수적 양식이다. 이것 없이는 어떤 정신도 기를 수 없다. 안중근 의사가 말했다 해서 회자하는 일일부독서구중생형극(一日不讀書口中生荊棘) '하루라도 책을 읽지 않으면 입에서 가시가 돋는다'라는 말을 항상 가슴에 품고 살자.

품격 있는 삶을 살고자 하면 반드시 책을 읽어야 한다. 책은 습관이기 때문에 나이 들어 갑자기 읽으려면 어렵다. 어릴 때부터 꾸준히 책을 읽어 버릇을 키워야 한다. 바로 이때 부모와 선생님의 역할이 중요하다. 영어, 수학 아무리 잘해도 소용없다. 시간이 지나면 남는 것은 독서밖에는 없다.

수많은 책 중에서 어떤 책을 읽어야 할까? 될 수 있으면 오랜 기간 머릿속에 남을 책을 선택해 읽는 게 현명하다. 한두 해 가면 잊을 정도의 책은 굳이 읽지 않아도 좋다. 적어도 30년, 50년을 나와 함께 갈 수 있는 책을 골라 읽자. 그게 바로 고전이다. 어려운 고전만 읽으라는 게 아니다. 아무리 읽어도 알지 못할 말로 가득 찬 책은, 글쓴이나 번역자의 잘못이 크니, 그저 던져버려라. 그런 책 읽는데 젊음을 바칠 필요는 없다. 찾고 또 찾으면 내게 맞는 삶과 우주에 관한 지혜의 책은 수두룩 널려있다.

여행을 하자

'독서는 앉아서 하는 여행, 여행은 걸어 다니는 독서' 세상과 자연은 어쩜 거대한 책이다. 그 책을 읽는 게 여행이다. 이것은 독서를 통해 머리에 입력된 것을 현실 속에서 내 눈으로, 내 가슴으로 직접 확인하는 과정이기도 하다. 여행을 많이 하면 할수록 앉아서 했던 독서는 내 살과 피가 된다. 여행을 하라는 것은 현실을 직시하라는 말이기도 하다. 독서가 아무리 중요해도 삶 그 자체를 놓치면 공허하다. 현실과 이상을 일치시키려는 노력이 바로 여행이란 움직이는 독서다.

도시에 사는 사람이라면 우선 집을 나가 동네를 돌아다녀라, 도시 이곳저곳을 돌아보라, 의외로 새롭게 발견하는 것이 많을 것이다. 국내여행을 떠나라, 대한민국이 비록 좁은 땅이지만 당신이 가본 데가 도대체 몇 곳이나 되는가. 대한민국도 보면 볼수록,

가면 갈수록 새로운 곳이 많다. 기회가 되면 세계로 나가보라. 넓은 세계로 나가 '보편적 존재로서의 나'를 경험하라. '나'란 존재와 다른 세계에서 만나는 '그'는 결코 '남'이 아니다. 우리는 모두 지구라는 공간에 사는 형제요 자매다.

  진리의 삶은 어쩜 간단하다. 그것은 운동해서 몸을 튼튼히 하고, 그것을 기초로 책을 읽어 지식을 쌓고, 몸을 움직여 세상을 주유하는 삶이다. 그렇게 함으로써 우리는 좀 더 완성된 존재가 될 수 있다. 이것이 바로 우리가 평생 해야 할 공부의 과정이자 바로 내가 누구에게나 권면하는 '생각은 깊게, 삶은 단순하게'의 삶을 실천하는 방법이다. 이 단순한 것을 우리 자신과 우리 자식 그리고 이 땅의 모든 이들이 익혀야 한다. 그래야만 우리는 진정한 자유인이 될 수 있다.

내가 읽은 인권고전 목록

아래 책들은 본문에서 필자가 읽은 인권고전목록(국내 번역본)이다. 독자들은 특별히 출판연도를 유념해 주기 바란다. 본문에서 인용한 고전의 쪽 수는 아래 연도에 나온 번역본의 그것을 말한다.

토머스 홉스(진석용 옮김), 〈리바이어던〉, 나남, 2008.

존 로크(강정인·문지영 옮김), 〈통치론〉, 까치, 2011.

장 자크 루소(최석기 옮김), 〈인간불평등기원론/사회계약론〉, 동서문화사, 2009.

존 스튜어트 밀(김형철 옮김), 〈자유론〉, 서광사, 2008.

존 스튜어트 밀(박홍규 옮김), 〈자유론〉, 문예출판사, 2015.

존 베리(박홍규 옮김), 〈사상의 자유의 역사〉, 바오, 2006.

슈테판 츠바이크(안인희 옮김), 〈다른 의견을 가질 권리〉, 바오, 2009.

러셀 커크(이재학 옮김), 〈보수의 정신〉, 지식노마드, 2018.

샌드라 프레드먼(조효제 옮김), 〈인권의 대전환〉, 교양인, 2008.

존 롤스(황경식 옮김), 〈정의론〉,

조지 오웰(정회성 옮김), 〈1984〉, 민음사, 2016.

에리히 프롬(원창화 옮김), 〈자유로부터의 도피〉, 홍신문화사, 2010.

미셸 푸코(오생근 옮김), 〈감시와 처벌〉, 나남, 2011.

루돌프 본 예링(윤철홍 옮김), 〈권리를 위한 투쟁〉, 책세상, 2009.

스탠리 밀그램(정태연 옮김), 〈권위에 대한 복종〉, 에코리브르, 2009.

헨리 데이빗 소로우(강승영 옮김), 〈시민의 불복종〉, 이레, 2010.

버트런드 러셀(송은경 옮김), 〈자서전〉(상, 하), 2008.

필립 샌즈(정철승·황문주 옮김), 〈인간의 정의는 어떻게 탄생했는가_'제노사이드'와 '인도에 반하는 죄'의 기원〉, 더봄, 2019.

피터 싱어(김성한), 〈동물해방〉, 인간사랑, 2006.

색 인

ㄱ

간섭 없는 상태　　　　　　 118
간섭의 배제　　　　 117, 120, 121
감시와 처벌　　　　　　 178, 182
감시와 처벌: 감옥의 역사　　 182
강남좌파　　　　　　　　　 241
객관적 의미의 법　　　　 210, 211
고전적 자유주의　　　　　　 144
고통, 부상 및 질병으로부터의 자유
(Freedom from Pain, Injury or Disease)　 279
공리주의　54, 102, 139, 140, 141, 273,
　　　　　　　　　　　 274, 275
공소시효　　　　　　　　244, 245
공포와 고통으로부터의 자유
(Freedom from Fear and Distress)　 279
교육받을 권리　　　　　 125, 126
구제역 사건　　　　　　　　 266
구조주의자　　　　　　　　 182
국가로부터의 자유
(freedom from state)　　　　　 66
국가보안법　　　　　 63, 80, 81
국가보안법 제7조　　　　　　 80
국가보안법 주요 조항　　　　 81
국가의 가치　　　　　　　　 65
국가의 적극적 의무　67, 124, 126, 127,
　　　　　　　　　　　 130, 132
국가의 탄생　　　　　　 33, 46
국가책임면책　　　　　　　 257
국보법　　　　　　　 80, 83, 84
국제범죄　　　　　　 247, 252, 259
국제법정　　　　　　　　　 247
국제인권규약　　　　　　 125, 132
국제인권장전　　　　　　　 259
국제전범재판　　　　　　　 246
국제형사법　　　　　　 248, 260
국제형사법정　　　　　　　 260
국제형사재판소 관련 조약　　 247
국제형사재판소 관할 범죄의
처벌 등에 관한 법률　　 244, 245
국제형사재판소
(International Criminal Court)　 260
권리를 위한 투쟁　 205, 206, 207,
　　　　　　　　 208, 213, 215, 217
권위에 대한 복종　　 190, 194, 201
규율사회　　　　　　　 185, 186
규율의 실체　　　　　　　　 185

근대사회의 핵심	186
근대의 자유	170
근대이성	151, 178
근대인	15, 28, 116, 118, 122, 161, 165, 166, 172, 175
근대 자본주의	36
근대 자유론	53
기독교	69, 70, 72, 76, 86, 87, 268, 271
기독교강요	86
기독교도의 자유	87
기본적 자유	73, 144, 148, 149
김형철	56, 58, 59, 62, 64

ㄴ

나는 의심한다, 고로 존재한다	79, 80
노블레스 오블리주	240
농장동물(farm animal)	278
뉘른베르크 재판	251, 254, 256, 258, 259
뉘른베르크 재판소 근거규정	259
능지처참형	183
니클라스	243, 260, 261

ㄷ

다른 의견을 가질 권리	85, 86, 90
다미엥	183
대의민주주의	132
도덕적 생존	215, 217
도덕적 자기보존의 명령	216
도덕주의자	232
도마복음한글역주	70
도올 김용옥	69
독립선언문	39
동물복지론	277, 278, 283
동물실험	281
동물의 5대 자유	277, 278
동물의 권리	270, 281
동물해방	265, 269, 270, 273, 277
듀이	167
드레퓌스	90

ㄹ

라블레	88
라우터파하트	250, 251, 252, 254, 256, 257, 258, 259, 260
라우터파하트 국제법센터	250

라파엘 렘킨	251, 252
러셀 민간법정	231, 240
러셀 커크	92, 96, 97, 99
런던대학 UCL	249
레오 갈리친	207
레온	249, 250, 251, 254, 255, 256
렘베르크	252, 253, 254, 257, 258, 260
렘킨	251, 252, 254, 256, 257, 259, 260
로마규정	247, 260
로마법의 정신	207
로크의 자유관	37
로포프	253
롤스주의(Rawlsianism)	139
루돌프 본 예링	205, 207
루스	250, 255
루이 15세	183
루터	86, 87, 173
르네상스	16, 170, 172, 173, 176, 269
리바이어던	17, 18, 19, 20, 22, 23, 24, 123, 209
리보프	253
리비우	249, 250, 251, 253, 254, 256
리비우 대학	251
리영희	72
리타	250, 255, 256
린델펠트	255

ㅁ

마사 너스봄	120, 139
마이클 샌델	136
마하트마 간디	267
만인의 만인에 대한 투쟁	20, 209
몽테뉴	88
미셸 푸코	178, 179, 289
미스 틸니	255

ㅂ

박홍규	56, 57, 62, 64, 65, 71, 73, 101
반전평화운동	231, 240
배고픔과 갈증으로부터의 자유 (Freedom from Hunger and Thirst)	278
버트런드 러셀	228, 229, 230
법의 목적	208, 209

베트남 전쟁	231, 240
벤담	54, 140, 274
보수의 10대 원칙	102
보수의 정신	92, 94, 95, 96, 103
보수주의자	95, 97, 98, 99, 103, 104, 105, 106, 107, 108, 109, 110
보편적 관할권 (universal jurisdiction)	244
보호의 의무 (obligation to protect)	129
복종의 본질	198, 199
복종의 심리	173, 197, 198
복종적인 인간	186
복지정책	227
볼테르	72, 90
불온도서	219
불쾌감으로부터의 자유 (Freedom from Discomfort)	278
브람벨(Brambell)보고서	278
빅 브라더	153, 155, 159, 160
빅토리아 여왕	230, 232
빼앗길 수 없는 일정한 권리	39

ㅅ

사르트르	181
사법심사적합성(justiciability)	130
사상의 역사	68, 74, 77, 78
사상의 자유	60, 61, 62, 68, 71, 72, 73, 74, 75, 77, 80, 84, 90, 93, 144
사상의 자유시장	62
사상의 자유의 역사	68, 71, 80, 93
사역동물	281
사회경제체제	176, 177
사회계약론	16, 20, 25, 30, 43, 46
사회구조	77, 170
사회권	114, 124, 125, 126, 127, 128, 129, 130, 131, 132, 148
사회권-적극적 의무	127
사회민주주의체제	177
사회심리학	163, 164
상식	29, 100, 193
샌드라 프레드먼	115, 117
생명에 반하는 죄	282, 283
생명, 자유, 자산	33, 34
서양철학사	231, 236
성경	69, 70, 103

성차별	272
세 가지 열정	228, 229, 230
세계동물권리선언	277, 280, 283
세바스티안 카스틸리오	88
소극적 자유	49, 66, 67, 93
소유관념	45
소유권	34, 35, 36, 37, 44, 45, 108
소유제도	44, 45, 46
수상록	88
수학의 원리 (Principia Mathematica)	236
순종형 인간	188
슈테판 츠바이크	85, 86, 90
스탠리 밀그램	190, 194
시민의 불복종	218, 220, 221, 226
신의계약	22, 23
신체형	182, 183, 184, 185
실존철학	181

ㅇ

아돌프 아이히만	192
아마티아 센	120
악의 평범성(banality of evil)	200
안전권	40
압제에 대한 저항권	40
양민학살	245
억제의 의무(duty of restraint)	118
에드먼드 버크	99, 100
에리히 프롬	161, 163, 164
에밀 졸라	90
엘리후(엘리) 라우터파하트	250
역량이론	120, 121
예루살렘의 아이히만	200
오브라이언	159
오세아니아	154, 155, 156, 157
오토 폰 베터	260
원초적 입장	142, 143
월든	220
윈스턴	153, 155, 156, 157, 158, 159, 160
유럽인권재판소	259
유럽인권협약	259
유토피아	181
유혈의 강	75
유혈의 호수	68, 74, 75
이근안	201

이디스에게	234
이디스(Edith)	233
이사야 벌린	121, 139
이성의 역사	78, 84
이스트 웨스트 스트리트	254
이익의 동등 고려(principle of equal consideration of interests)	274
인간과 개인의 발견	172
인간과 시민의 권리선언	40
인간과 인간의 관계에 대한 욕망	169
인간본능	169
인간불평등기원론	41, 42, 43
인간의 고독	170
인간의 정의는 어떻게 탄생하는가	248
인권의 대전환	115, 117
인권의 전환	113
인도에 반한 죄	244, 245, 246, 247, 250, 251, 255, 256, 257, 258, 260
인류의 고통에 대한 참을 수 없는 연민	239, 240
인종차별	272, 277
인종차별·성차별	272

ㅈ

자기보존적인 욕구	168
자본주의	36, 37, 66, 98, 170, 174, 176, 177, 179
자서전	228, 229, 232, 233, 234, 235, 236, 238, 239, 241, 242
자연권	21, 25, 122
자연법	21, 29, 30, 31, 35, 37, 44, 102
자연상태	19, 20, 21, 22, 29, 30, 31, 32, 33, 34, 36, 45, 46, 47, 209
자유권	40, 114, 124, 125, 126, 127, 128, 129, 130, 144, 148
자유권-소극적 의무	127
자유로부터의 도피	161, 163, 164, 165, 175
자유론	50, 51, 53, 54, 55, 56, 57, 58, 60, 61, 65, 66, 67, 230, 240
자유론의 한계	67
자유연애주의자	232
자유주의 경제철학	221
자유주의자	110, 226, 228, 229, 230, 237, 242
자유주의자 십계명	238
자유형	182, 184
장 자크 루소	41, 42, 72

재산	33, 34, 38, 39, 40, 83, 100, 103, 107, 108, 143, 144, 145	제노사이드	244, 247, 250, 251, 252, 255, 256, 257, 258, 259, 260
재산권	40, 107, 108, 144	제노사이드방지협약	259
저항권	39, 40, 226	제러미 벤담	140
저항할 권리	27, 39	제임스 밀	53, 72
적극적 의무	67, 118, 121, 123, 124, 126, 127, 128, 130, 132	조지 오웰	153, 154
적극적인 자유	161, 166, 174, 176	존 로크	16, 27, 28, 72
전두환	244	존 롤스	134, 138, 139
전쟁상태	17, 19, 20, 27, 38	존 베리	68, 93
전체주의	122, 151, 152, 153, 154, 155, 156, 157, 160, 165, 167, 168, 172, 175, 177, 226	존 스튜어트 밀	50, 51, 53, 240
		존중의 의무(obligation to respect)	128
		종교개혁	86, 172, 173, 174
절대적 자유	60	종차별주의	269, 270, 271, 272, 273, 275, 277, 283
절차적 정의	147, 148		
정의란 무엇인가	136, 137	주관적 의미의 권리	210
정의론	134, 136, 137, 138, 139, 141, 142, 143	줄리아	157, 158, 159
		증명될 수 없는 권위	76
정의의 여신	211, 212	증명이 가능한 권위	76
정의의 제1원칙	144, 148	진리추구에 대한 열정	235
정의의 제2원칙	148	진석용	19
정치기술	187	집단살해죄	244, 245, 246
정치이념	93		

ㅊ

차등의 원칙　　143, 145, 146, 147, 148
채식주의자　　266, 284
책무성　　131, 132
최소 수혜자　　134, 143, 146, 148
최후 해결책　　192
충족의 의무(obligation to fulfill) 129

ㅋ

칼뱅　　86, 87, 88, 89, 90, 91
캐서린　　156
코몬웰스(Commonwealth)　　22
콩코드 학파　　220
쾌고감수　　264, 273, 274, 276, 277
쾌고감수의 정도(sentience level) 276
쾌고감수의 존재　　273, 274

ㅌ

토마스 내이겔　　139
토마스 페인　　100, 101
토머스 홉스　　17, 18

통상의 행위를 표현할 수 있는 자유 (Freedom to Express Normal Behaviour)　　279
통치론　　27, 28, 29, 37, 39
투기회　　271

ㅍ

평등적 자유주의　　148
평등한 자유의 원칙　　143, 148
폰 훔볼트　　56
프랑스 인권선언　　28, 226
프랑스 혁명에 관한 고찰　　99, 100
프랑크푸르트 학파　　164
프로그램　　114, 127, 269
프로테스탄티즘　　173, 174
프린키피아　　236
피터 싱어　　265, 270
필립 샌즈　　243, 248, 249

ㅎ

하트　　139, 250, 251, 252, 254, 256, 257, 258, 259, 260, 267
한국 전쟁　　245, 262

한나 아렌트	200
한스 프랑크	254, 260
합리주의	165, 185, 188
합스부르크 왕가	253
해악이론(harmful theory)	58
행복추구의 권리	40
허쉬 라우터파하트	250, 251, 252
헤리엇 테일러	54
헨리 데이빗 소로우	218, 220
헨리 슈	128
호르스트	260
홀로코스트	249, 250, 257, 258, 260, 261
화이트헤드	231, 236
회피할 의무'(duties to avoid)', '보호할 의무(duties to protect)'. '지원할 의무(duties to aid)	128

번호

1세대 인권	116
2세대 인권	116
3세대 인권	116
4.3 사건	245
5.18 광주민주화운동	244
1984	153, 154, 155, 158, 160, 179

기호

An Essay Concerning the True Original, Extent and End of Civil-Government	29
animal rights	270
An International Bill of Rights of Man	259
Civil Disobedience	221
Crime against Life	283
Crimes Against Humanity	244
East West Street-On the Origins of Genocide and Crimes against Humanity	248
final solution	192
Five Freedoms	278
Genocide	244, 248

human rights	18
ICTR	260
ICTY	260
property	33
recht	209, 210, 211, 212
sentient beings	273
Small is beautiful	63
The Conservative Mind	96

인권고전강독
자유의 인문적 사색

1판 1쇄 발행 2023년 07월 14일

지은이 | 박찬운
펴낸이 | 정선균
디자인 | 이나영

펴낸곳 | 삼원사
출판등록 | 제2019-000085호
주소 | 서울특별시 관악구 신림로 59길 23, 1201호(신림동)
전화 | 1544-1967
팩스 | 02-6499-0839
홈페이지 | www.feeltongbooks.com

ISBN 979-11-6792-115-4 [03100]

ⓒ 박찬운, 2023

삼원사는 교육미디어그룹
주식회사 필통북스의 인문서적 임프린트입니다.

- 이 책은 저자와의 협의 하에 인지를 생략합니다.
- 이 책은 저작권법에 의해 보호를 받는 저작물이므로
- 주식회사 필통북스의 허락 없는 무단 전재 및 복제를 금합니다.
- 책값은 뒤표지에 있습니다.
- 잘못된 책은 구입한 서점에서 바꿔드립니다.